STARTUP:

THEORY AND PRACTICE GUIDE TO
COLLEGE STUDENTS

大学生创业：
理论与实践指导

曲然 费宇鹏 **主编**

于旭 **副主编**

中国财经出版传媒集团

经济科学出版社

Economic Science Press

U0740512

图书在版编目（CIP）数据

大学生创业：理论与实践指导/曲然，费宇鹏主编.
—北京：经济科学出版社，2018.9
ISBN 978 - 7 - 5141 - 9737 - 2

Ⅰ.①大… Ⅱ.①曲…②费… Ⅲ.①大学生 - 创业 -
高等学校 - 教材 Ⅳ.①G647.38

中国版本图书馆 CIP 数据核字（2018）第 207646 号

责任编辑：刘战兵
责任校对：王肖楠
责任印制：李　鹏

大学生创业：理论与实践指导
曲　然　费宇鹏　主编
于　旭　副主编
经济科学出版社出版、发行　新华书店经销
社址：北京市海淀区阜成路甲 28 号　邮编：100142
总编部电话：010 - 88191217　发行部电话：010 - 88191522
网址：www.esp.com.cn
电子邮件：esp@esp.com.cn
天猫网店：经济科学出版社旗舰店
网址：http://jjkxcbs.tmall.com
北京财经印刷厂印装
710 × 1000　16 开　11.75 印张　210000 字
2018 年 9 月第 1 版　2018 年 9 月第 1 次印刷
ISBN 978 - 7 - 5141 - 9737 - 2　定价：36.00 元
（图书出现印装问题，本社负责调换。电话：010 - 88191510）
（版权所有　侵权必究　打击盗版　举报热线：010 - 88191661
QQ：2242791300　营销中心电话：010 - 88191537
电子邮箱：dbts@esp.com.cn）

前　　言

　　2018 年春天，吉林大学南岭校区的杏花又开始了它们一年一度展露枝头、绽放自我的"表演"，新一轮的"创业基础"课程也将要开课，我知道我们即将面对的是一张张对未来、对创业充满好奇甚至向往的面孔。这几年来，大学生创业的报道越来越多地出现在新闻、微信朋友圈和校园里的宣传页上，从掀起共享单车热潮的 ofo 大学生创业团队到校园里开设的学长奶茶、烘焙店，他（她）们都在为自己的小小梦想和兴趣爱好努力着。然而，创业是一条神秘而苦涩的道路。说它神秘，是因为课堂上的创业基础知识远远无法满足学生创业所需，他（她）们更需要的是知识与实践探索的深度结合；说它苦涩，是因为一个小的决策错误、机会错失和团队的失和都可能使创业团队的多年辛苦付出付诸东流，转而成为创业失败大军中的一员。

　　自开设"创业基础"课程以来，我常常在思考什么样的方式能够更好地帮助学生们深入理解创业。他们不仅需要理论知识，更需要从一个又一个经历社会和时间考验的创业案例中汲取知识养分，为他们在创业实践中遇到或即将遇到的问题寻求答案。在这本书中，我们按照创业选择、团队组建、商业模式、创业融资和企业成长等五章呈现创业的历程。每章以"理论篇"和"大学生创业 Q&A"的形式呈现，前者是创业的基础理论知识，后者则以一种你问我答的方式提供创业辅导。

　　在我和小伙伴们的共同努力下，这本书终于出版了。在编写过程中，我们参考了国内外的大量书籍和资料，涉及的案例大多源于知名创业者及创业企业的网络公开资料，在此向案例企业和创业者们表示感谢和深深的敬意。还要感谢参与本书编写和校对工作的郭念琦、袁潘煜、刘宇、项亚男、吴奇斓等吉林大学管理学院的各位博士、硕士研究生。

　　由于编者水平有限，书中疏漏和不妥之处在所难免，恳请有关专家和广大读者批评指正。

编　者

2018 年 8 月

目 录

第1章

创业：大学生的选择题

近年来，大学生创业的势头越发强劲，从大疆的汪滔到美团的王兴，从饿了么的张旭豪到 ofo 的戴威，我们的耳边不乏惊心动魄的创业故事。故事远在云端，但创业却是真实的选择，对于站在十字路口的在校大学生而言，了解创业、了解自己是做出选择的第一步。只有真正明白了眼前的选项是什么，才能结合自身的实际情况选择最佳的路径。

在这一章，我们将从理论的角度为同学们揭开创业的面纱，细数创业道路上的风景和坎坷，也为大家提供有效了解自己的方法，共同探讨成功创业者所需要的素质和能力。同时，在实践层面，我们将提出并回答三个最基础但也十分重要的创业问题，希望通过这一章的学习，让传奇人物不再神秘，让新的故事发生。

理 论 篇

1.1　欢迎来到创业的世界

商业环境瞬息万变，创业世界充满风险和机遇，这里是挑战者们最佳的竞技场。别紧张，商场残酷但也公平，勇立潮头的人将面临最强劲的风暴，但也会拥有最广阔的风景。事实上，在创业的世界里，即便是初出茅庐的大学生也并非一无所有，同样具备创业者天生的优势，知己知彼或许就能百战不殆。但在挑战开始之前，我们的第一步是认识"创业"本身。

1.1.1 揭开创业的面纱

1. 创业的定义和本质

创业现象是复杂的（想想建立起一个企业要经历的诸多环节就不难理解），尽管众多研究者和社会各界非常关注创业活动，但是真正对创业下一个清晰定义的并不多，正如管理学大师彼得·德鲁克所说，虽然创业者（entrepreneur）这个词已经使用了 200 多年，但是"对它的定义，一直混乱不清"。我们认为，可以从广义和狭义两个角度去看待创业。

《辞海》将创业定义为"创立基业"，指开创与创立个人、集体、国家和社会的各项事业以及所取得的成就。它强调的是开端的艰辛和困难，突出过程的开拓与创新意义，侧重于在前人的基础上有新的成就和贡献。

理查德·坎蒂隆（Richard Cantillon）认为，创业是一种回报没有定数的自我就业，他对于"创业"本质特征的理解就是"风险承担"。巴隆（Roben A. Baron）和谢恩（Scott Shan）认为，创业的本质是创造或认识新事物的商业用途（机会），并积极采取行动用机会来创造出可行的、有利可图的企业，斯蒂文森（Howard Stevenson）也认为创业是一个人追踪和捕获机会的过程。

综合这些观点，我们可以将广义的创业理解为"开创事业"，是一个人为了实现个人的人生目标而从事社会发展所需要的工作，通过发现机会、承担风险，为社会发展做出贡献的经常性活动。从这种角度来看，在工作岗位上顺应时代发展和岗位目标要求，创造性地发挥聪明才智，通过全面提高自身能力和素质得到晋升和发展，尽可能多地为社会创造财富，也称得上是一种创业。

而狭义的创业通常指自主创业。自主创业又称独立创业，是指创业者个人或创业团队白手起家进行创业活动，是以资源所有者的身份，利用知识、能力和社会资本，通过自筹资金、技术入股、寻求合作等方式创立新的社会经济单元。自主创业者是岗位的制造者，这种自主创业行为是更高要求下对机会的捕捉和发展，也更加复杂和艰难。本书所讨论的各个主题都是在狭义创业的情境下展开的。

而当创业的主体变成了大学生，近来热度不减的"大学生自主创业"一词就出现了。这种创业是指一些有理想、有胆识的大学毕业生（或在校生）进行自主创业的活动，是大学生主动参与社会竞争的一种尝试，通常表现为利用自己的知识、才能和技术，以自筹资金、技术入股、寻求合作等方式创立新的企业。这种创业行为将大学生从知识的拥有者变为社会价值的创造者，是知识转化为生产力的有力佐证。放眼当下，中国大学生的自主创业正处在蓬勃发展之中，大批优秀的创业青年脱颖而出，引领着一种新的潮流。尤其是在移动互联网领域，有多家行业内的巨头都脱胎于大学校园之中。

2015 年，在线外卖订餐平台"饿了么"获得 E 轮融资，这个诞生于上海交通大学寝室的创业公司已经拥有了几千名员工，服务范围快速扩展到全国 250 个城市。

故事开始于 2008 年，创始人张旭豪在上海交通大学机械与动力工程学院读硕士，他始终坚信只要自己的创造被市场认可，就是有价值的。有一天晚上，他和室友一边打游戏一边聊天，突然感到饿了，打电话到餐馆叫外卖，却发现要么打不通，要么不送。他突然发现了一种未被发掘的价值。

创业就这样从不起眼的送外卖服务开始了。张旭豪和康嘉等同学一起，将交大闵行校区附近的餐馆信息搜罗齐备，印成一本外送广告小册子在校园分发，然后在宿舍接听订餐电话。接到订单后，他们先到餐馆取快餐，再送给顾客。2008 年 9 月，"饿了么"团队开始研发订餐网络平台，用了半年左右，他们开发出了首个订餐网络平台。在网址注册上，他们用"ele.me"（"饿了么"的汉语拼音）组成，网站订餐可按需实现个性化功能，比如顾客输入所在地址，平台便自动测算周边饭店的地理信息及外送范围，并给出饭店列表和可选菜单。

最开始，有 30 家加盟店支持，日订单量达 500~600 单。2010 年 11 月，手机网页订餐平台上线，订餐业务不仅覆盖了全上海，目标还直指杭州、北京等大城市。2011 年 3 月，"饿了么"注册会员已超过两万人，日均订单 3000 份。这一战绩，很快引起了美国硅谷一家顶级投资公司的高度关注，接洽数次后，"饿了么"成功融得风险投资 100 万美元。

到 2018 年，饿了么走过了 10 年时间，在遭遇了烧钱竞争、巨头碾压和资本追逐之后，"饿了么"从两个大学生的创业项目变成了拥有万人的大公司，一跃成为中国最受瞩目也最有价值的初创公司之一。它是时代精神高度凝聚的符号：创业热潮、O2O 风口、残酷竞争与补贴大战、巨头格局下的合纵连横，以及一个金光闪闪、血泪交融、属于当代大学生的创业传奇。[1]

---

[1]　根据以下网络公开资料整理：https://www.sohu.com/a/31544074_163159；https://baike.baidu.com/item/%E9%A5%BF%E4%BA%86%E4%B9%88/2223804? fr = aladdin；https://www.sohu.com/a/69949215_335299；https://www.cyzone.cn/a/20140604/258547.html。

回望创业总是精彩，但要真正理解创业，更重要的是要理解创业过程的本质。创业的本质可以从三个维度展开：

其一，创业是一种发展性的生产活动。它以提供产品或服务作为活动的直接结果。创业区别于一般的生产活动，它具有发展的特性。创业本身既可以是从无到有的创造，也可以是在现有基础上的革新。但不论是创造还是革新，独立地考察创业的内涵都是一个从无到有、从弱到强、从幼稚到成熟的过程。发展是创业最重要的特性，成功的创业都是快速、稳健的发展过程，维持创业企业的健康发展是创业重要而基本的任务。

其二，创业是一种复杂的系统活动。创业的实现是一个复杂的活动过程，是一个由多个创业要素组成的复杂系统。创业者创立的企业是一个投入产出系统，即不断投入资源以连续提供产品与服务的过程。能否以最小的资源获得最大的产出，使得企业具有竞争力并盈利，是衡量创业活动成效的标准之一。创业者要考虑到人员、财务、预算、市场、管理、产品服务等诸多因素，且众多因素环环相扣。某一环节出了问题就会影响到整个创业过程，甚至会导致创业的失败。

其三，创业是一种不断学习的过程。创业活动的复杂属性和高度不确定性，使得创业者一开始就要注重学习，学习掌握市场规律，学习组织协调创业资源，学习生产经营管理，学习塑造企业文化等。成功的创业过程，必然是一种不断向社会和他人学习的过程，是一个以学习应对万变的过程。从这个角度来说，有作为的、与时俱进的创业团队，必然是一个学习型组织。

2. 创业的属性和过程

创业自身具有三大重要属性，这三种属性是创业过程发展变化的内在原因，分别是创新的属性、风险的属性和价值创造的属性。下面分别进行论述。

（1）创业具有创新的属性

创业离不开创新。创新是一种在社会经济、文化、政治领域开辟或拓展新的发展空间，为他人和社会提供新的机遇与价值的实践行为。熊彼特认为，创业者的职能就是实现生产要素新的组合。创业是实现创新的过程，而创新是创业的本质和手段。熊彼特眼中的创新有多种途径，从创业的角度可以这样理解：创业者通过利用一种新发明，或者更一般地利用一种未经实验的技术，来生产新产品或者用新方法生产老产品；创业者通过开辟原料供应的新来源或开辟产品的新销路获得企业发展动力；创业者通过改组行业结构等手段来改良或彻底改革行业内部的生产模式。

事实上，创新是创业活动的核心，离开了创新，创业活动不可能获得成功。创新包括技术创新、市场创新、制度创新、观念创新、产品创新、管理创新等多种方式。其中，观念创新是核心，制度创新是前提，技术创新是基础，产品创新是载体，市场创新是目的，管理创新是保证。由此可见，多类创新行为是有机结合的，且创新与创业是紧密联系的整体。从某种意义上来讲，创新是创业的灵魂，创业是创新的表现形式，创业的成败往往取决于创新的程度。在当今时代，创新和创业的内涵已经变得越来越丰富，同时也越来越依靠知识和科技的进步。

诞生于 2006 年的"大疆创新科技有限公司"是全球领先的无人飞行器控制系统及无人机解决方案的研发和生产商，客户遍布全球 100 多个国家。一家公司的目标受众从业余爱好者变成主流用户，而且它在这一过程中还能占据市场的主导地位，这种成功在科技行业发展史上实属罕见。

大疆的创始人汪滔最初在香港科技大学的大学宿舍中制造飞行控制器原型。2013 年，他们推出了第一款随时可以起飞的预装四旋翼飞行器"大疆精灵"。事实上，在 2012 年年底，大疆就已经能够独立制造一款完整无人机所需要的一切元素，如软件、螺旋桨、支架、平衡环以及遥控器等，一步步确立起了自己发展成长的基础。弗若斯特沙利文咨询公司（Frost & Sullivan）的分析师迈克尔·布雷兹（Michael Blades）说："大疆开创了非专业无人驾驶飞行器（UAV）市场，现在所有人都在追赶大疆的脚步。"

对于行业领跑者来说，创新意味着超越自我。汪滔为大疆定下的座右铭是"激极尽志，求真品诚"，要求不忽悠、不功利，始终专注创新和研发。在当时，大疆研发团队近 800 人，对研发投入不设预算限制，甚至鼓励员工内部创业实践自己的创意。汪滔希望通过技术创新和扩大市场降低成本，绝不为控制成本而折损品质。2014 年，美国《时代》杂志发布了年度十大创新工具，大疆精灵 Phantom 2 Vision + 以第三名入选。截至 2016 年，大疆创新在全球已提交专利申请超过 1500 件，获得专利授权 400 多件，涉及领域包括无人机各部分结构设计、电路系统、飞行稳定、无线通信及控制系统等。2017 年 6 月，大疆科技入选《麻省理工科技评论》"2017 年度全球 50 个最聪明的公司"榜单。

市场创新、技术创新、产品创新，从大学校园到世界各地，大疆在前进的道路中一直在做着它最擅长的事：永无止境的创新。①

（2）创业活动具有风险的属性

风险指的是在一定的时空条件下，由于各种因素复杂性和变动性的影响，使实际结果与预测发生背离而导致利益损失的可能性。创业风险主要来自于与创业活动有关因素的不确定性。在创业过程中，创业者要投入大量的人力、物力和财力，要引入和采用各种新的生产要素与市场资源，要建立或者变革现有的组织结构、管理体制、业务流程、工作方法。由于市场是复杂多变的，新技术成果的商品化与市场化所涉及的各种因素都具有很大的不确定性。

在创业过程中必然会遇到各种意想不到的情况和困难，从而使结果偏离创业预期的目标。创业风险复杂多样，包括机会风险（创业者因选择创业而放弃了自己原先所从事的职业）、技术风险（在产品创新过程中，因技术发展的不确定性而导致创业失败的可能性）、市场风险（因新产品、新技术的可行性与市场需求不一致，或者由于竞争对手导致的风险）、管理风险（由于创业企业自身管理方面的原因所引发的风险）等，在第 4 章和第 5 章中我们将展开具体的讨论。

大学生创业者承担的风险种类繁多，相互勾连，稍有不慎就会遭遇生存危机。每一个传奇的创业公司都是在风险和困境的夹击中成长起来的。

2014 年，ofo 的创始人戴威在北京大学读硕士，彼时国内创业风潮四起，风险投资可谓狂热。戴威立刻拉拢室友薛鼎等人，想把自己熟悉的青海骑行经历包装成一个产品。创业对于大多数在校生来说充满了风险，不少人也劝他们放弃这一想法，但是他们决心为了自己喜欢的事情大胆拼一把，毅然决然地走上了创业这条道路。不过此时，在他们脑海中，"自行车创业"只是一个模糊的雏形。他们知道，进行一项创业远比社团活动复杂得多，在接下来的几年中，这个计划将成为他们呕心沥血却又引以为傲的事业。

10 月，戴威通过一位师弟见到了天使投资人，拿到了 100 万元的投资，开始效仿滴滴打车搞补贴。他主打的品牌 ofo 骑游做了环台湾岛、环海南岛几个团，想以此规模化发展。从产品开发到策略选

---

① 根据以下网络公开资料整理：https：//www.sohu.com/a/15957527_177088；http：//tech.ifeng.com/wys/special/djiwangtao/；http：//news.163.com/air/15/0518/10/APT0CG8U00014P42.html.

择，初出茅庐的他们没有经验，尤其是对于一个创业公司，补贴策略在财务和运营中都有极大的风险。仅推广期间，ofo 在全国几个城市每天就要花掉三四万元，100 万元很快见底。

眼看着风险成了困境，戴威忙不迭地踏破了几十家投资机构的门槛，最终一无所获。事态随着时间的推移不断恶化，连唯一口头承诺的投资人也黄了。眼巴巴撑到 2015 年 4 月，ofo 账面上只躺着 400 元，还有 2 个程序员、5 个运营等着发工资。要么死，要么变，戴威有些慌了。马上要从北大考古专业毕业的合伙人张巳丁忧伤地说："公司要是死了，我毕业后就要去修文物了。"

绝境面前，合伙人薛鼎决定把环青海湖项目做到极致，团队自负盈亏。他带了三个兄弟凑了几万元，在青海租了个一室一厅的小房子，硬是在一个月内把沿青海湖所有民宿、餐厅、自行车店、保障车、应急救援全部搞定。然而，并非所有的努力都能成功，ofo 的后续资金仍旧毫无着落，岌岌可危的形势并无改观。

从市场风险到管理风险，大学生创业者要面临的创业风险无处不在，这只是 ofo 成长过程中风险变为现实的一抹剪影。而创业者，注定要冒着风险前行。[1]

(3) 创业活动具有价值创造的属性

在价值创造这个领域，目前对于创业比较一致的观点是"二说理论"，即价值说和实体说。第一种观点认为，创业活动的创造性体现在价值的创造上，这种价值可以是物质的，也可以是精神的。第二种观点认为，创业需要一个承担创业的实体，而这个实体通常就是企业。创业者依据所在国家或地区的相关法律法规进行注册登记是创业过程的一个重要标志，所以创业也必然体现组织利益和组织成员的共同价值。因此，不论是哪种观点，都是对创业活动价值创造属性的肯定。

美团的使命是"让每一个人吃得更好，活得更好"，美团网已经是全球最大的生活服务电商平台，有餐饮业务、酒旅业务、综合业务等几大业务，这个平台连接了数亿的消费者和数百万的吃喝玩乐商

---

[1] 根据以下网络公开资料整理：https：//baike. baidu. com/item/戴威/19955412? fr = aladdin；https：//www. sohu. com/a/158404069_743314；http：//www. sohu. com/a/230447861_100154902；http：//www. investide. cn/news/354595。

户，覆盖中国几乎所有的城市。

美团创始人王慧文和王兴是清华大学的同学兼室友，在创业大潮面前，他们选择了终止硕士学习，一头扎进了创业领域。美团网的定位是"本地生活服务商"，在很长一段时间里，美团网的价值观被描述成"消费者第一，商家第二，员工第三，股东第四，王兴第五"。

关于价值创造，王兴认为团购模式的核心在于为商家和消费者创造价值。团购帮助商家降低推销成本，把一定数量的客户送上门去；同时帮助用户降低决策成本，把有品质的商家送到面前。相比商家，消费者是最终为团购买单的人，在产业链中最先付出成本，风险最大，也最弱势。因此消费者的满意度最重要。

美团很酷，至少在王兴看来是这样。"酷不酷这个事情，就跟美一样，跟你是什么行业关系不是那么大。很多事情能做到极致，用更好的方式解决问题、创造价值，就很好。"他说。

美团也是这样做的。从团购业务对本地生活服务便捷度的提升，到涉足外卖和打车领域，这个估值 1800 亿元的公司始终在为更多的人创造价值。[①]

企业的发展是有阶段的，每个巨人都由婴孩成长而来。一般来说，创业者创立一家新企业的过程主要有四个阶段：识别评估技术和市场机会、准备并撰写创业计划书、确定及获取创业所需资源和建立并管理新创企业（见图 1-1）。

图 1-1　新企业创立的四个阶段

第一阶段，识别技术和市场两方面的机会，形成创业构思，并认真评估其市场前景和机会；对技术进行研发、试验，并进行工业化初步设计；对产品市场进行调研，评估其市场前景和价值。

第二阶段，组建专门的创业团队，撰写创业计划书，并对创业项目进行深入的可行性研究。这一阶段，公司必须确立起可行且持续的商业模式框架。

---

① 根据以下网络公开资料整理：https://www.sohu.com/a/199564659_100009723；http://tech.sina.com.cn/i/2017-10-20/doc-ifymzzpv7207847.shtml；http://www.sohu.com/a/222197003_267106；http://finance.sina.com.cn/roll/2018-03-26/doc-ifysqyfe4292177.shtml。

第三阶段，确定项目所需各种资源，进行创业前的各项准备。比如，落实创业资本，确定公司组织形式、营销计划，以及选择经营场所、获取原材料、购置技术设备、获取各项法律批文等。

第四阶段，完成前三阶段的工作后，完成注册公司、领取营业执照、在银行开户、办理税务登记等一系列经营准备；建立并明确公司的治理结构，主要包括管理人员配置，以及制定各种管理规章制度。

1.1.2 我们没有和拥有的

商业世界竞争残酷，一个新创的企业、一个白手起家的创业者在诸多成熟企业面前是无比孤独的，但也具备着与生俱来的优势。只有清楚知道自身的不足和优势，才能在激烈的竞争中抢占一席之地。

成熟企业与创业企业不同，具有先发优势。大公司有好的分销渠道，能够融到它们所需要的资金，也有着消费者信任的品牌，还有着良好的客户关系和伟大的员工。它们参与过很多次竞争，而且削尖了自己的武器随时准备战斗。而作为创业者，必须以己之长，攻敌之短，才会取得胜利。创业者必须清楚哪些东西是自己没有的，哪些东西是自己独有的。美国学者高汀（Seth Godin）在《创业者圣经》一书中对这一点做了详细的讨论，我们在此基础上做了拓展和进一步的说明，如图 1 - 2 所示。

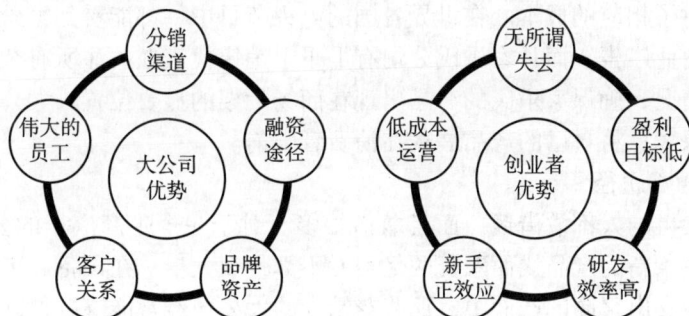

图 1 - 2 大公司与创业者优势对比

1. 大公司的优势

每天你从媒体上听到的、在教科书里读到的公司都拥有成百上千名员工，它们都有良性的现金流和成功的商业模式（第三章会对商业模式进行单独的讨论）。人们很容易想象到，所谓的成功企业，就是那些设立在北京的国贸、上海的外滩、在高大漂亮的写字楼里办公、拥有穿着昂贵套装的高薪员工和不时举办光影流转的高级酒会的企业。显然，在创业者的故事里，这往往不是普遍情况，创业者似乎总让人联想到闭塞的办公室、狭小拥挤的桌面、不修边幅的程序员和捉襟见肘的资金，一旦成功就是鲤鱼跃龙门的故事。

为什么会有这样大的差别？就像打乒乓球世锦赛与打温布尔顿网球赛是不同的，开创自己的事业也完全不同于空降到阿里巴巴当高管。创业者需要了解这其中的不同，而且需要明白如何利用自己的优势。事实上，传统公司的成功有很多种原因，但是在如下五个方面是共同的。

（1）分销渠道

三联书店是怎样做到出版那么多畅销书的？华纳唱片是怎样做到能够发行那么多畅销专辑的？分销渠道是大多数商业成功的核心。如果商品没有机会被陈列在店铺里，就没有机会销售。经营多种产品的公司会聘请庞大的销售团队，可以迅速地将产品分销到零售商手里。

传统的零售商希望自己的供货公司可以承担全部风险，他们希望商品可以保证被销售出去，希望有世界性的广告来使消费者光顾，他们坚持由生产商支付当地广告费用的合作模式。这就是为什么家乐氏谷物产品的市场占有率一直位居前列。许多小公司也能够制作很好的谷物类产品，当然它们也能够占有一部分市场，但是家乐氏公司为了能够使自己的产品在超市中获得更多被陈列的机会而支付了相应的成本。在世界各国的电视节目中，都能看到家乐氏旗下不同品牌的商业广告，而且家乐氏公司有上千个销售代表在关注所有杂货店中商品陈列的情况，确保家乐氏的产品出现在商场货架的显要位置。大公司有分销渠道作为保障，将自己的产品展现在消费者眼前。

（2）融资途径

能干大事的人都敢借钱，而且敢借很多。对于一个生产汽车的公司来说，为了开发一条新的产品线而融资两亿美元不算什么大事。在设备、工艺、研发和市场方面支出很高的产业中，那些花销少的大公司经常能够取得胜利。比如说微软，在产品推出的初期，为了将 Windows 系统打入并不景气的操作系统市场，公司花费了 6 年甚至更多的时间。在这段时间中，为了营销和升级 Windows 系统的各个版本（包括推广费用、代理费用、研发费用、公司扩张费用等），公司支出了数目庞大的资金。微软是如何负担起如此高昂的费用呢？由于具有大公司优势，微软拥有多种融资途径，仅从股票市场就融到了可观的金额，用于补贴公司的日常生存和发展需要，也保障了 Windows 的持续市场扩张。

大公司拥有创业者无法企及的资本，像谷歌这样的公司，无须个人担保、无须支付利息、无须承担风险，就可以从股票市场上获利，而且能够筹到数目可观的投资。许多大型公司都可以通过发行债券或者信用贷款的方式来筹集资金，银行或者投资商并不期待在一个月或者一年内得到回报。相反，他们希望能够建立起一种长期利益机制，而一个创业者是无法与这些公司进行竞争的。如果市场可以通过"烧钱"购买，那么也只有那些大公司有能力这么做。

（3）品牌资产

比起从街边不知名的小店里买衣服，为什么你更愿意去尝试耐克公司生产的新衣服？因为耐克公司为建立起自己的品牌投入了上千万美元，因此你更加信任这个品牌（包括它推出的子品牌）。当耐克公司想要推出新产品时，就可以利用这种品牌的力量，并且大公司还在不断通过广告、产品创新、代言人来巩固这种品牌优势。

永远不要低估品牌的力量！《世界财富》杂志曾经对万宝路香烟的品牌资产进行评估，认为其品牌和商标的价值超过 2 亿美元。任何一家香烟生产商都能够制作同等品质的香烟，但是只有万宝路能够占有如此巨大的香烟产品市场份额，获得高额利润。如果消费者更喜欢购买已经建立起品牌的商品，那么大公司会具有更加明显的优势。创业者显然已经意识到了品牌的重要性，但是贸然冲击大公司的既有品牌并非一条合理的发展路径。

（4）客户关系

在 B2B 的商业模式时代，对于任何公司来讲，能够有效接近终端消费者都是一项显著的优势。在美国，每年 1/3 的杂志广告收入都被时代华纳占据。时代华纳公司发行的每一种杂志，在销售广告版面方面都具有极大的优势。反之，一个缺乏经验的竞争者则必须从零开始。大公司拥有良好的客户关系基础，庞大、坚实的客户关系网络是其生存发展的优势，而这种优势往往具有牢固性和不可动摇性，新生企业难以进入其中。

1997 年，美国的好市多（Costco）公司卖出了价值 3000 万美元的虾类产品。这家公司本可以在众多的虾类产品供应商中进行选择（这些虾几乎都来自于同一片海域），但是它却只选择了其中 3 家作为合作伙伴。为什么？因为采购人员没有时间每次都对每一个供应商进行甄别。所以它只和自己信任的公司，也就是与那些它曾经合作过的公司进行合作。从这一角度来看，在开拓市场时，客户关系将是大公司巨大的优势。

（5）杰出员工

大公司里经常充斥着一些无能之辈，但也会有一些特别的人，比如伟大的发明家、设计师、市场营销人员以及销售人员、客户服务人员、一线生产人员等。这些伟大的员工促使公司享有较高的声誉，并逐步走向稳定，也使公司能够盈利。

聪明的公司，比如迪士尼，便很会利用这些员工，使其为公司发挥作用。迪士尼公司仅仅是在洛杉矶一份报纸上发布一条小小的广告，就能够收到 200 多份简历，其中不乏能人异士。一个初入职场的年轻人，往往更愿意在体量庞大、久负盛名的公司工作。由此可见，大公司更能吸引有才能的人。

2. 创业者的优势

说了这么多，现在让我们来看一看那些只有创业者拥有，而那些已经伟大的公司所不具备的特质，这将是创业者登上舞台的关键。这些优势主要体现在五个方面：

（1）无所谓失去

大公司拥有成熟的运营方式和完善的管理制度，这是优势，有时也是隐患。比如大公司习惯于用高额的奖金聘请员工，来保持公司的良好状态。大的体量意味着大的惯性，难以被撼动。有几家大型铁路公司进入了航空行业？一家都没有。即使它们完全拥有开展航空业务的经济实力，但是它们因为过于忙于保护自己的领地不受侵犯，而没有多余的精力去争夺他人的领地，或者说是开拓新的机会。

事实上，当市场或者是技术发生改变时，便会产生许多新的商机。吉姆·利维是美国动视公司（Activision）的创始人，他们开发了一个又一个新的视频游戏，抢到了巨大的市场份额。仅仅一年以后，这家公司就从一个创业者转变成了一个庞大的具有官僚主义作风的公司。如果此时美国动视公司收购市场上新的软件品牌，或开拓新的领地，比如为 PC 机和苹果机制作软件，就可以继续保持原来的领先地位，甚至获得更多新的市场。但是吉姆害怕失去既有的东西，他的投资人和员工期待着后续的每一年都像先前一样成功。他们不希望投资新的领域，而是希望公司获得更多利润。几年以后，动视以每股大约 4.34 美元的价格被收购了。

这是创业者的优势所在，由于一无所有，因此不害怕失去，不再缩手缩脚。创业者将比大公司更容易抓住行业和技术变化带来的机会。

（2）盈利目标低

在海洋里，首先消亡的生物往往是最大的鱼，那是因为它们需要吃很多东西才能够生存，而那些小的浮游生物需要的食物几乎可以忽略不计。这个道理同样适用于创业者，低的盈利目标让创业企业更容易成功生存。

对迪士尼来说，如果一部电影能赚到 4000 万美元，便不是一项成功的开发。而对于一家制作儿童视频的小型公司来说，能够拥有一个收入超过 10 万美元的项目就已经心满意足了。试着比较一下这两个数量级：4000 万美元是 10 万美元的 400 倍。在巨人般的大公司的视野之外，有数之不尽的空间留给小公司发展。对创业者而言，找到一个能够使自己生存的空间就够了，而不是一开始就企图占领整个市场。这种优势将极大地提高创业公司的成活率。

（3）研发效率高

就算是同时雇佣十个工作很努力的女员工，也没有办法让她们在一个月里生出一个孩子。事实上，并非所有的团队合作都能使工作效率提高，有时候它也会降低工作效率。一次又一次的研究表明，那些规模较小但能够集中精力的团队会比那些规模较大、官僚作风严重的公司工作效率更高。因此，许多大公司在开发具有突破意义的新产品时往往不能做得很好。

科技世界的浪潮一次次证明了这一点：微软没能发明的掌上 PDA，但是一个名叫 US Robitics 的小公司在收购了另外一个更小的公司之后则发明了它；摩托罗拉和通用电气公司没能发明现代雷达探测器，辛辛那提微波公司却做到了。研发效率的高低绝不能被小看，无数科技巨头的倒下就是敲响的警钟。大公司经常会为节约研发成本而将新的项目交给庞大的下属部门去做，而创业者却可以自己去做，或者只聘请一个人就可以完成，从而实现了更低的成本和更高的效率。小公司行动起来更加快捷，而且更能集中精力去专注某件事情。

（4）新手正效应

在外包领域，当微软或者通用电气公司的人员来询价时，很多小公司都意识到自己赚钱的机会即将来临。它们知道与它们打交道的这些大公司的人并不是老板（甚至跟老板之间隔了 10 个等级），所以它们更倾向于向大公司的客户报出较高的价格，因为这些公司能够支付得起！除了向大公司报出更高的价格之外，小公司还会向它们提出其他苛刻的要求，比如附加条款、订单保障等，以期为公司争取到更多的利益。

而作为创业者，却拥有了新手的正效应，合作方对新手的要求往往比较低。有时候不支付保证金就可以获取一个视频游戏的经销权，或者说服网红在你的纪录片中现身，再或者使律师免费为你提供服务，因为人们对新手的预期是低的，也不会要求创业者付出更加高昂的成本，创业公司能够在这些方面获得更大的帮助，在危机四伏的生存期占据先机。

（5）低成本运营

创业者可以在家里工作，没有专门的业务部，也没有公司专属用车，甚至只需要自备手机和电脑。如果创业者不能以比大公司低得多的成本进行运营，那可能是选错了经营的产品或者经营策略。虽然大公司的经营范围很广，但是由于巨大的运营成本，它们仍然要保证销售的每一款产品都能盈利。通过利用公司规模较小的优势，特别是在创业领域所提供的产品或服务不需要大型设备时，创业者就可以利用低成本超越许多大的竞争对手。

时间成本也是运营中要考虑的。大公司往往在时间掌控上不够灵活。它们每个月必须支付银行利息，按照既定目标实现增长。这种完全依靠时间表来做事的方法，会使它们在时间上失去灵活性。毕竟工作不是死板的，根据具体要求，有些事情需要抓紧时间，而有些事情则可以稍微推后一些时日。对于创业者，时间安排从不是障碍。不少创业早期的团队都在夜以继日地工作以抢占市场先机，甚至不求回报，这极大地提升了创业公司的运营效率。

1.2　出发前，先认识自己

具备同样的优势，为什么有的人成功，有的人却惨败？"创业者特质""领导能力""创业潜力"都曾被用来形容成功者的特殊之处。学者们从不同角度对创业者的研究表明，这种不同不仅真实存在，而且从多种角度影响着创业的成败。

对任何人而言，成长都是一个不断发掘自己独特之处的过程。什么样的人会是一个成功的创业者？又或者说，具备了什么样的特质，就有可能创业成功？我们首先从对创业者的认知开始讨论。

1.2.1　我会是哪一类创业者

1. 创业者分类

创业者是对一个庞大群体的统称，有多种分类方式可以帮助我们进一步认识这个群体（程序员只是很小的一部分），表1-1对两种分类方法进行了说明。

表1-1   两种对创业者的分类方法

序号	分类依据	分类种类	说明
1	创业动机	生存型	为谋求生存进行创业
		兴趣型	为实现兴趣进行创业
		变现型	为无形资产变现创业
2	创业优势	销售型	销售渠道、客户来源优势
		技术型	核心技术、技术创新优势
		管理型	综合管理、战略运营优势
		投资型	行业洞察、资本运作优势

（1）按创业动机分类

依据创业动机的不同，可以将创业者分为生存型、兴趣型和变现型。

①生存型。在中国，这一类创业者大多为无岗人员、失去土地或因为种种原因不愿困守乡村的农民，以及刚刚毕业不找工作或找不到工作的大学生，是数量最大的创业人群。清华大学的调查报告说，这一类型的创业者占中国创业者总数的90%，其中许多人是为了谋生。这一类型的创业范围均局限于商业贸易，少量从事实业，也基本是小型加工业。

②兴趣型。世界经理人网站在调查中发现，有一种类型的创业者非常特别。他们没有什么明确的目标，就是喜欢创业，可能今天在做着这样一件事，明天又在做着那样一件事，他们所做的事情之间可以完全不相干。又或者，他们只是出于兴趣，希望通过创业解决自己生活中遇到的问题。这一类创业者中赚钱的并不少，创业失败的概率也并不比那些兢兢业业、勤勤恳恳的创业者高。

③变现型。这一类创业者代表的是一类人群，过去在某一组织掌握一定权力，或者在任某一要职期间聚拢了大量资源，抑或是由于家族在历史上占据了有利的社会地位。他们在机会适当的时候便会开公司、办企业，实际是将过去的权力和市场关系变现，将无形资源变现为有形的货币。

（2）按企业优势分类

从另一个角度来看，依据创业优势和选择领域的不同，创业者可以分为销售型、技术型、管理型和投资型。

①销售型。这类创业者个人具有很强的销售能力，个性强，善于和客户打交道。他们的创业基本来自于产品和服务的销售或者代理，其特点是创业者在

行业内积累了广泛的客户基础，创业后即可获得大量客源，尤其是渠道关系。有了这个基础，新创企业就能够生存，企业的生存问题解决了，发展就成为必然。这种类型的创业者主要是利用了前公司的客户资源，或是自身积累的人脉关系，为自己后面的创业铺设了一条光明大道。相对于其他创业类型来说，这种创业类型是最容易成功的。

②技术型。这类创业者或许不善于销售产品，不善于和客户打交道，也可能不善于企业管理，但他们所拥有的是核心技术和对技术的执着追求，这种技术可能是行业内乃至全球顶尖的。由于技术的优势，他们的创业与销售型创业者相比较起来就更显得不同，也更难以像销售型的创业那样快速成功。技术型创业者有时很难得到商人或者投资人的认可，可能是因为很多技术尚未成熟或者过于先进，商业化推广还需要一段时间，对于一些投资家来说还存在着很多风险。相较而言，技术型创业者往往具有更强的核心竞争力。

③管理型。这类创业者和前面两者的区别在于他们在以上两个领域中都不具备绝对优势，即在渠道上缺乏先天优势且技不如人。然而，他们的优势在于对企业战略的准确把握，熟悉企业管理系统，懂得如何经营。很明显，这类人创业容易得到团队的支持，但其创业成功的关键是在用人方面必须拥有优势，能够保证团队的有效合作的团队。这类创业者的特点是具备足够的实力进入一个行业或者足够的资金和管理能力，能够将创业的公司带入稳定的发展时期。

④投资型。这类创业者比较特殊，属于投资人，他们拥有的是对行业前景的洞察力、对人力资源良好的判断能力和对财务合理的控制能力，其他什么都可以不用管理。他们拥有的资金足够聘请到优秀的职业经理人，让职业经理人去带领下属们打天下。投资型的创业者不像前面三种类型的创业者，他们基本不需要亲自参与管理企业的经营活动，他们擅长的是资本运作，能够为创业企业获得源源不断的资金支持，将企业带上发展的巅峰。

2. 技术创业者

在大学生创业领域，技术创业者的比例极大。一方面，大学生创业者作为高学历人群，往往拥有更加深厚的学术背景和资源支持；另一方面，大学生对于科技的浓厚兴趣和执着追求也往往使其成为技术创业者。我们将从特征和对比上进一步了解技术创业者。

（1）技术创业者的特征

技术创业者是掌握科技知识并具有技术背景，能快速把握市场机会、创办科技型企业并实现技术价值的行动者，他们具有以下四个方面的特征，如表

1 - 2 所示。

表 1 - 2   技术创业者的四大特征

	性质	说明
特征一	创业优势	掌握科技知识、核心技术
特征二	创业目的	实现技术价值
特征三	创业方式	创办/加入科技型企业
特征四	创业优势	技术敏感度 + 破坏性创新

①创业优势。技术创业者的创业优势在于拥有科技知识。科技总处于日新月异的变化中，并且具有极大的不确定性，这使得拥有最新科学技术的创业者可以发现并把握市场中瞬息万变的机会进行创业。当然，这也要求技术创业者对构成科技型企业基础的技术本身有深刻的理解，毕竟技术创业者的专业水平对技术创业型企业的最终成功至关重要。研究显示，虽然技术创业者的技术和经验并不总是对业绩产生正效果，但他们的专业技术水平与公司的绩效高度相关。创业者在技术创业方面拥有的经验和专业技术越多，他们用于培养企业管理技能的时间就越短。

②创业目的。技术创业者创业的最终目的往往是实现技术价值。技术创业者总是被他们的科技愿景所驱动。在技术市场领域，新技术产品、流程或服务的性能是一个重要方面。性能是指新技术进入者能满足潜在客户各种需求的总和，也即技术本身所拥有的价值，它有别于技术本身。技术创业者进行创业的目的是实现技术的价值，并通过该价值的实现来促进经济发展，推动生活条件改善。

③创业方式。技术创业者实现价值的方式是创办科技型企业，或以技术入股的形式加入科技型企业，即通过建立稳定、可盈利的、能在竞争环境下生存的科技型企业，通过企业内的一系列运作实现技术价值。为了把创新成果推向市场，需要把许多人的行为协调起来，使其一致行动，因此需要以技术为核心建立企业，构建技术创业者和其周围个体的关系网络，集合企业各成员的力量，实现企业的共同目标，实现技术的价值。

④创业优势。技术创业者的优势在于对技术的敏感度和破坏性创新的能力。在相对短的时间里，快速做出主要战略转变的能力是技术创业者的重要特征。技术创业者能够把握重大的技术机遇，并调整自己的战略以适应需要。科技产品、工艺或服务的创新是企业战略转变的关键，它们往往能够为企业发展

路径带来重大变革，以此为企业带来当下和未来在技术发展上的绝对优势。

（2）技术创业者与一般创业者的差异

技术创业者不同于一般创业者，其差异主要表现在以下几个方面：

①技术创业的关键性事件是新发明、新工艺或服务。技术改进和突变的技术革命都会导致技术进步，导致新发明、新工艺或新服务的产生。特别的科技产品、工艺或服务是战略转变的关键，它能在市场中创造新的机会，为新企业迅速进入市场创造条件。技术创业者由于其自身拥有的技术优势，往往能及时有效地把握这种机会进行创业。

②技术创业者平均具有较高的教育水平，即本身拥有高科技知识。教育是影响个人创业活动的重要因素，在培育未来创业者方面发挥着重要的作用。好的教育水平能支持创业者处理各类问题，以著名的麻省理工媒体实验室（MIT Media Lab）为例，能够进入实验室的技术创业者通常都受到过至少两个科技类大学的基本科技教育。基本的科技教育能让技术创业者获得进行创业的技术以及与创业相关的各方面知识。

③技术创业者是理性的风险承担者，承担着较一般创业者更高的风险。技术的不断创新，市场的不断变化，都要求技术创业者能够迅速做出调整，一旦对市场机会或技术变化把握不准，就会失去竞争优势，从而使得技术创业者承担着更高的风险。对于技术创业者而言，他们愿意承担的是经过计算的合理风险，过高或过低的风险都不是他们的选择。

④技术创业者对财务的需求是适度的，有更高的追求。研究表明，技术创业者往往都有取得成就的需要，但是他们不单单是为了获得财务方面的成功而去创建新企业，在许多情形下，财务上的成功并不是他们创建新企业的初始动因。通常情况下，技术创业者们有高层次的追求，如通过创业寻求技术实现的解决方案、运用战略带来行业的转折点，或者在某些情形下改变人类发展的道路。

1.2.2 成功创业者的素质清单

对于创业者必备的素质和能力，可谓是众说纷纭。我们将首先讨论如何界定成功创业者必备的素质，然后再尝试着列举出最重要的几个因素。想要成为一个成功的创业者，就应该先从这些方面审视自己。

1. 定义创业者素质

对于创业者素质，有一种定义方法看起来既复杂又深奥：创业素质是创业者开始创业实践前所经历的物质与精神力量的聚集过程。事实上，这种定义的用意是将创业者素质产生的原因归结到个体经历的层面。的确，任何个人特质的形成都与经历有关，而我们试图通过对成功创业者的总结提炼出他们共有的独特素质。

这种独特的素质不仅有助于创业者明确创业目标，积极把握创业机遇，进行有效的创业决策和将创业计划付诸实施，而且能够协助创业者在创业过程中克服困难、战胜挫折、解决问题、增强心理素质。因此，创业素质对创业者的成败起着决定作用。在经济全球化发展的时代，要想在激烈的竞争中立于不败之地，拥有独特的创业者素质是基础性的条件。

在许多学术型的研究中，学者们将创业者特质、创业者素质和创业者能力等名词分别归为不同的种类进行讨论。本书作为大学生创业实践的指导性教材，将把这些观点综合起来，以"创业者素质"指代创业者身上所具备、引领其走向成功的独特之处，包括创业者拥有的独特品质、关键技能、隐性知识等，是创业者能成功履行职责的关键。

2. 无法穷尽的清单

自古以来，对成功秘诀的探讨从未结束过，对创业者特质的描述和总结也一向众说纷纭。如果说要列出一张清单来总结，那么这张清单会无限长。不过，通过对大量的文献阅读和回顾，我们认为下列几点是公认的重要条目（排列不分先后）：

（1）创业意识和创业精神

想取得创业的成功，创业者必须具备自我实现、追求成功的强烈创业意识和创业精神。它们能帮助创业者克服前进道路上的各种艰难险阻，将创业目标作为自己的人生奋斗目标。只有具备了创业意识和创业精神，创业者才能不断地去挖掘和寻找创业资源，不断地去解决经营过程中遇到的各种矛盾。

创业意识是指在创业过程中对创业者起推动作用的个性心理倾向，包括创业的需要、动机、兴趣、信念等心理成分，支配着创业者的态度和行为，并规定着创业行为的方向和力度。创业精神也可以叫创业激情，是创业活动的最初动力。创业精神对创业行为产生促进、推动作用，标志着创业实践活动即将开始。创业精神能激发创业者的深厚情感和坚强意志，使创业意识得到进一步升华。

（2）对机会的警觉和捕捉

创业活动是创业者发现市场机会、利用各种资源抓住市场机会的过程。因此，对市场机会的识别能力是创业者素质的重要部分，它包括市场机会评估能力和市场机会判断能力等组成部分。

美国一项对创业投资的研究调查发现，当机会窗口的时间短于 3 年时，新事业投资失败率会高达 80% 以上；如果机会窗口的时间超过 7 年，则几乎所有投资的新事业都能获得丰厚的回报。机会识别与捕捉能力要求创业者能够判断机会窗口的长短，还要准确感知和识别消费者没有被满足的需要，寻找对消费者真正有价值的产品或服务，以捕获到高质量的商业机会。

（3）战略规划、控制和协调水平

战略规划、控制和协调水平是创业者在多变的外部环境下为取得长期生存和发展而进行总体规划的能力，包括战略规划水平、资源整合能力、市场适应能力、分析决策水平等，是对企业内部各种资源进行组织、协调、控制的能力。

战略规划、控制和协调水平主要体现在创业者能及时调整目标和经营思路，快速地重新组合资源以适应环境的变化，制定适宜的战略目标与计划等方面。它要求创业者善于开发新创意，开发新产品和服务，发现新的市场区域，开发新的生产、营销和管理方法；随着企业的发展，能够选择合适的组织结构，领导建立一套完善的管理规则，进行有效的企业文化建设，培养团队精神和创业精神。

（4）强大的心理素质

心理素质如同创业大厦的基石。心理素质指创业者的心理条件，包括个人的自我意识、气质、性格、情感等构成要素。作为一名创业者，他的自我意识特征应自信和自主，性格应刚强、坚毅、果断和开朗，情感应更丰富、更趋于理性，且善于交流、合作与沟通。

创业者必须具备承受挫折、适应变化、迎接挑战的心理素质，拥有独立思考、判断、选择、行动的心理素质，表现为选择人生道路和创业目标时的自主决策、摆脱干扰而不断前进的自主行为、开拓创新的精神品质等。这些素质都将加强创业者的创业信心。

（5）优良品德

良好的商业和个人品德是成功创业者的共同特征。在商业品德方面，成功的创业者必须诚实守信、看重承诺，在行业内拥有良好的口碑和极佳的评价；在个人品德方面，应坚持不懈、不屈不挠、顽强努力，敢于克服盲目冲动和私利欲望等。在利益面前的冲动往往会使人因小失大，这就要求创业者在创业的过程中自觉地以法律法规和道德约束自己的行为。

（6）亲社会性

与创业相关的社会能力包括社会适应能力和社会实践能力。社会适应能力包括忍耐力、抗挫与抗压力、心理调适能力等，社会实践能力包括社交与合作能力、谈判能力、社会洞察力和组织指挥能力等。

亲社会性也表现在团队合作精神上。创业成功建立在充分的资源条件基础之上，但创业者不可能拥有全部的创业资源，因此创业只有在多方资源主体的精诚合作基础上才能取得成功，合作精神尤为重要。

（7）其他素质

一是创新能力。创新能力包括学习型组织的建立和企业创新体系的建立，指创业者具备不断打破旧秩序，建立包含新产品、新技术、新市场、新制度和新组织结构在内的新秩序的创新精神和能力。

二是风险管理。风险管理包括风险识别和风险防范。具有一定的风险意识，才能够使新产品、新技术或新的服务走向实际化运作，才能够使新创企业度过艰难的创业阶段而迅速成长，走向创业成功。

三是信息的收集和处理能力。创业者监控环境变化，具有获取和分析信息的能力。信息搜集和分析是适应环境变化、进行机会识别和正确决策的前提与基础，因此信息的接受和处理能力具有重要作用。

大学生创业 Q&A

第一问：创业与就业，孰优孰劣？

创业还是就业，这是一个问题。很多同学向往拼搏、充满激情，希望通过自己的努力成就一番事业，这样看来，"创业"是一个极佳的选项；但是真正做出选择之时，未来巨大的不确定性和恐惧感也在不断考验着大家，按部就班的就业选择此时看起来充满了保障和安全。红玫瑰还是白玫瑰？这个问题既基础又难以回答。

想得到答案，我们认为首先要正确认识创业，然后再辨清创业与就业的关系。

1. 创业没那么美好

面临毕业，有不少同学会跃跃欲试。当下大学生创业的呼声一浪高过一浪，宽松环境、政策利好纷至沓来，但我们对创业却始终持有谨慎的倡导态度。因为凡事都有两面，对一个普通的大学毕业生来说，创业没有那么美好。在进入战场博杀之前，你是否清楚知道了什么是创业，自己为什么要去创业？我们提醒大家，创业绝不是鲜花、掌声和自由。

伏牛堂是由北京大学毕业生张天一牵头发起的餐饮创业项目。张天一说，他的创业是被逼出来的，他问自己，为什么要留在北京？不想朝九晚五，也不愿意做大单位背后的一颗螺丝钉，最后只能选择创业。他说："我第一次创业是在本科时，开了两家饺子馆，叫'天一碗'。谈不上失败，也谈不上多成功。但是今天看起来，因为心态的问题，走了很多的弯路。"

大三的时候，张天一决定创办一个中式连锁餐馆，主营饺子。他有热血沸腾的想法、漂亮的纸面计划，也同样激情万丈地展开实施。可是等到他开始张罗第一家餐馆时，却发现让自己萌生退意的居然是一张操作台——这个在当初决定创业时，打破脑袋也想不到会成为问题的问题。

张天一到市场上购买操作台时，才发现原来操作台有不锈钢的，有铝皮包木头的，有双层架的，有单层架的，有带冰箱的，有不带冰箱的，有1.5米×1.8米的，有1.5米×2米的，有中空的，有中实的……同样的一张台子，在这里卖1000元，在那里卖500元……就为买这样一张台子，他跑遍了北京周边郊区的各个市场，花了近两周的时间，才自信地以最低价买回来。而在他最初的设想里，这仅仅是一两个小时就可以搞定的"小事儿"。

只有在创业的过程中，你才会发现问题是如此之多，很多在开始不是问题的问题一个个跳出来，折磨着你。在应对、解决这一个个问题的过程中，激情开始被消磨，烦恼与不安在增长。而这样的创业，还仅仅只是一种小型的尝试。从第一家店到连锁店，从亏损到盈利，其间的过程是那样的不容易。雄心被现实取代，壮志在琐事中挣扎，反复纠结后，张天一的第一次创业宣告破产。

张天一这样记录自己的创业心情："大学毕业，两手空空地走出校门，辉煌壮丽不属于自己，名车大厦不属于自己，这座大城市的一切不属于自己。但却想要迫不及待地获得一切，想要成功，想要出人头地，想要年纪轻轻就被万众瞩目。所以不愿意按部就班，想另辟蹊径，用最短的时间像吹气球一样鼓捣出最大的财富。但迎来的并不是无限的希望，而是两个身份的来回撕裂与拉扯。"①

2014 年，国内一家著名咨询公司对我国创业人群的创业动机进行过统计分析，其中既有创业一年内夭折的失败者，也有创业成功的企业家，并归纳出八大创业动机：一是为生活所迫，找不到工作，不创业就无法生活；二是机缘所至，本没想创业，偶然遇到一个机会就下海了；三是与公司积怨，一怒之下自己当老板；四是想一夜暴富，迅速提高生活品质和社会地位；五是随大流，身边的好友都创业，自己也想尝试；六是为了追求独立和自由，自己当家做主；七是为了实现自我价值，证明自己的能力和才华；八是为了圆梦，实现自己的人生梦想。

有几个理由看起来似乎可笑，可偏偏就是许多人发自内心的想法。媒体上、生活中精彩的故事太多了，但创业绝不是飞黄腾达、一步登天的万灵药，它是艰辛的、复杂的、需要极大的勇气和毅力的选择。站在自主创业的浪潮之中，千万不要忘记"幸存者偏差"：存活下来的企业往往被视为"传奇"，占尽风光和荣耀，但这是因为不计其数的失败者并没有说话的机会。

2011 年，余某某赴美国伊利诺伊大学读医学工程硕士，在这期间，她已运作 2 家公司，一家做跨境医疗咨询，一家帮国内独立设计师把东西卖到欧美。2013 年毕业后，余某某回国创办了一个女性闲置交易平台，并于 2014 年 9 月正式上线 App。此后，余某某曾高调亮相，相继参加了《非诚勿扰》《职来职往》《今晚 80 后脱口秀》等节目，并带着其项目参加央视《创业英雄会》节目。

2015 年 6 月，交易平台获得红杉资本领投的 2000 万元 A 轮融资，2015 年 8 月获得昆仑万维领投的 1500 万美元 B 轮融资。但在 2016 年 12 月，余某某在个人公众号上发文称，11 月确诊自己罹患脑肿瘤，而公司面临资金危机，被第二轮投资方昆仑万维清算，自己已

---

① 根据以下网络公开资料整理：http：//www. funiutang. net/gs1. asp? id = 1；https：//www. huxiu. com/article/38624/1. html? f = chouti；https：//www. 3566t. com/news/vgas/3903491. html；http：//www. ebrun. com/20150814/144810. shtml。

将50%多股权以0对价转让给周亚辉，并被踢出董事会，辞去CEO职位。余某某还相继披露了与王某某间的纷争、交易平台关闭提现支付功能不通知股东、投资人签投资合同不按时缴款、昆仑万维董事长周亚辉将已签署的合同悄悄修改等事件。

但随后，投资人周亚辉发文进行了回应："一个1989年出生的年轻人在不到一年半的时间里面，与几十名员工一起花光了投资人5000万元左右的现金投资款，对自己的业务、管理没有一点点反思，面对投资人没有一点点羞愧，把全部责任都推到投资人身上，来进行自我包装炒作。"周亚辉反指其不合理花费，不经董事会批准等。周亚辉的授权律师发声明称，周亚辉没有欠缴投资款，将考虑起诉涉嫌侵权人，并曝光余某某向公司报销参加活动的服装费等近20万元。

这出创始人和投资人之间的"罗生门"在唇枪舌剑、你来我往中成为人们茶余饭后的谈资。该交易平台人去楼空，那些被描绘成梦想的幻影破灭成一地鸡毛。①

很多创业者相信，只有拥有伟大的创意和充沛的精力才会获得成功，所以他们花费了不计其数的时间和金钱，以己之短，攻敌之长，结果可想而知。梦想不等于现实，有梦的人也未必是成功的商人。这种情况在美食市场上司空见惯，每年都会有2000种新产品上市，如果酱、果冻、坚果、薯片，而每年其中1900种都会失败。为什么？因为它们背后的创业者都喜欢自己的想法，而不是生意。成功的创业者知道他们能生产一种商品，但并不意味着他们将会这样去做。根据奶奶的菜谱来做馅饼，这个想法也许听起来很令人兴奋，但是这并不意味着你可以把这个想法转化成一种真正的商业模式。

在理论部分，我们已经对创业的入门知识进行了详细的梳理和总结，在这里不做赘述。所以当面临选择之时不妨扪心自问：你是否清楚地知道创业的复杂和艰险？你是否有强烈清晰的创业动机？你是否具备足够的创业素质和资源（创业资源的问题我们将在本章第三问中进行单独的讨论）？这是人生的关键时刻，你需要发掘自己内心真实的想法，避免在以后的日子里后悔。

另外，同学们还要分清创业者和自由职业者。这二者的区别在于：自由职

---

① 根据以下网络公开资料整理：https：//baijiahao. baidu. com/s？id = 1588461802930361170&wfr = spider&for = pc；http：//www. sohu. com/a/139104558 _ 472926；http：//www. sohu. com/a/121068930 _ 115060；https：//www. admin5. com/article/20170508/743486. shtml；http：//www. techweb. com. cn/inter-net/2016 - 12 - 08/2447673. shtml。

业者靠出售自己的才能赚钱。虽然自由职业者可能也会雇用几名员工，但本质上他只是在做一份没有老板的工作，这不是创业。独立设计师、作家、咨询师、电影编剧、园林设计师、建筑设计师、翻译家和音乐家都是自由职业者。他们没有退出策略，他们的快乐和满足来源于掌控自己的时间和做自己的老板。

而创业者，他们的梦想是把企业做大。创业者承担着巨大的风险，专注于业务的增长。创业者需要承受长时间的工作、微薄的薪水，还有巨大的机会成本。但或许有一天，创业者能够轻松地赚钱、雇用或炒掉员工、租下他本不需要的办公室，成为人们口中的传奇。

2. 二者是互斥的吗？

世间没有不变的事物，只有变化才是永远的。当创业和就业作为两种选项出现时，它们的关系看似互斥，实则不然。二者可以相互促进和转化，创业能够带动就业，就业也会为创业铺设条件，无论是选择创业还是就业，从来都不是单行线，重要的是有所规划、理性选择。

对于毕业前的选择，我们给大学生朋友们三点建议：

第一，要正确认识，充分了解。创业和就业都是极为广阔的领域，创业中包含了高技术创业、服务创新、产品创新等多种门类，就业中包含了外企、国企、党政机关、高校等诸多选项，涵盖门类之广绝非只言片语可以概括。在做出职业选择之前，同学们务必通过多种渠道，综合了解各类选择的优点和不足，结合自身的实际情况进行判断。

第二，要多思多问，综合考量。在正确认识和充分了解之后，绝大多数的选项应当可以被排除，剩下的就是难以抉择的职业选择了。对于这些选项，同学们可以通过实习、采访等方式，以实践的形式进行筛选和判断。需要注意的是，任何选择都应结合自身的实际情况，切勿人云亦云。

第三，要遵从内心，勇敢选择。毕业是人生重要的时间节点，但也不是唯一决定命运的时刻。勇气和决断力在此时显得尤为重要。无须害怕选错，择业没有对错之分，创业者可以重返就业岗位，找到工作的人也可以重新创业。职业无高低，选择无好坏。任何选择都无优劣之分，遵循内心的、适合自己的选择就是最好的选择，相信同学们一定懂得其中的妙处。

第二问：我具备创业者素质吗？

很多有抱负的大学生都希望通过创业获得人生、事业的成功，但是创业成功者毕竟是少数。在新创企业中，至少有50%会在半年之内倒闭，倒闭的主要原因是没有清楚认识自己是否具有当老板的能力。

王某某生于1998年，16岁高中辍学，创立S百货电商平台。王某某因在创业节目《我是独角兽》中说了一句"帮你们赚够95后的钱"，不仅令在场的资本大佬争抢，更引发外界关注，被称为"鬼才少女"。S百货由此获得了由经纬中国领投、真格基金与创新谷跟投的数千万元A轮融资。

随着名气接踵而至的是质疑。很快，王某某被指心智不成熟，公司运营全凭个人喜好，缺乏基本常识……S百货也接连被报道闪电搬家、非法辞退员工和涉嫌漏税等。2016年10月，S百货官网关闭。

S百货暴露出的是创业者的无知和无畏。王某某在A轮融资后的盲目扩张、大幅增员、大量使用猎头招聘所谓的行业"大牛"——顶尖技术人才，盲目制定战略，在毫无供应链经验的情况下涉足供应链，大量引进供应商。短短两个月时间从不到30人扩张到80人的"精英"团队，真正对于用户和产品的价值创造越来越少。之前敏捷开发两周就可以出一个新版本，结果变成了两个月都发不出一个版本。天天召开各种项目研讨会、需求评审会，实际上对用户的反馈一概不知。然而，S百货的失败并没有令王某某放弃"创业"。王某某先是转型做起外汇操盘手，教学员做所谓买涨、买跌的"二元期权"，头衔也变为"新能教育执行总裁"。而证监会已对这类二元期权交易进行了风险提示，指出"其交易行为类似赌博"。王某某的转型也不了了之。

2017年7月，王某某又做起了保健品微商的大健康方向项目。但在一天之内，其公众号就因"涉嫌诈骗"而被封杀。8月，王某某还在微博为某健康饮品做宣传，并附上微信商城的链接。近几月，她的微博除了生活状态再未出现过关于创业的内容。

王某某的成功在于她擅长自我营销，为自己打造了一个"天才少女"

的形象进行炒作。而她迅速跌落神坛也正是因为她除了会炒作之外，尚未拥有运营管理一家公司的能力。对王某某而言，勇气与热血只是创业的基础，具备成熟的思维和沉稳的处理方式才可能真正取得成功。①

为了客观判断自己是否具有创业者的素质，我们为同学们提供了从宏观上认识自己的三个方向和进行详细自我检验的两种方法。

1. 认识自己的三个方向

（1）判断依据一：商业心态

有什么样的心态做什么样的事。做商业，自然要具备商业心态。

一方面，好的创业者不能依据自己对某项产品的喜好、个人对某块市场的看好做决策，更不能一味认定某种市场操作思路非常先进，进而将其作为项目发展运行的指导思想。以个人化的感性心态而非理性化的商业心态来规划运行发展方案是创业的大忌，有不计其数的公司被"绝无仅有的好创意"带进了失败的深渊。

另一方面，还有许多人把这个商业心态的问题简单化了，以为有赚钱的心态就会做生意了。绝大多数人都有赚钱的想法，问题是：有没有想清楚怎么赚钱？你的思路、方案是正确的吗？客户和消费者能接受吗？资源投入和回报率是合适的吗？每一步的具体做法又在哪里？有没有预先做一些问题和事故的预防准备工作？所以，具备商业心态是开始创业前最为关键的前提因素。

（2）判断依据二：创业实力

心态是出发前的准备，而实力则是起航的基础。创业者要对自己的实力有正确认识。

首先，这一实力体现为厚实的专业知识。除此之外，实力还包括业务能力、捕捉信息的能力、伶牙俐齿的口才等。如果不善于团结队伍，就不懂得用人方略；没有资金基础，永远受制于人，得不到大发展。创业实力不是要求创业者一开始就家财万贯，而是至少要保证有起步的基础和撬动杠杆的能力。

（3）判断依据三：理财技巧

理财的技巧不是会省，而是懂得把握尺度，拥有平衡的能力。创业永远离

① 根据以下网络公开资料整理：http：//tech. sina. com. cn/i/2016 - 07 - 07/doc - ifxtwihp9712038. shtml；http：//finance. sina. com. cn/china/gncj/2016 - 07 - 19/doc - ifxuaiwa7214397. shtml；https：//www. cyzone. cn/a/20160707/299749. html；http：//www. sohu. com/a/119716885 _465443；http：//www. iheima. com/zixun/2016/0707/157225. shtml。

不开账本上的数字，看不懂报表、不愿看数据的创业者绝不会成功。

该交的税要交，该付的工资要付，房租、水电费、办公费等，一分也不能少。有些创业者讲阔气，摆派头，出手非常之大，公司运转两三个月，资金就周转不开了；有些创业者则缩手缩脚，该花的钱不花，留不住好员工，买不到好技术，手里的资金永远发挥不出大作用。到了企业的发展后期，创业者会面临投融资的复杂问题，这些问题都关系到企业的生死存亡，不能轻易假以他人。

2. 两种自我测评方法

（1）方法一

卡特尔 16 种人格因素问卷（16PF）是美国伊利诺州立大学人格及能力测验研究所卡特尔教授编制的用于人格检测的问卷。多年以来，这项测试经历了无数研究者的检验，在 1971～1978 年间被研究文献引用最多的测验中，16PF 仅次于 MMPI 位居第二。在一项关于心理测验在临床上应用的调查中，16PF 排第五。卡特尔是人格特质理论的主要代表人物，对人格理论的发展做出了很大的贡献。

要介绍 16PF，不能不提到特质理论，因为 16PF 是伴随着卡特尔的人格特质理论而发展的，二者可谓"相辅相成"。卡特尔认为，人格的基本结构元素是特质。特质是从行为推出的人格结构成分，它表现出特征化的或相当一致性的行为属性。人格是稳定的、习惯化的思维方式和行为风格，它贯穿于人的整个心理，是人的独特性的整体写照。大量研究和实践表明：一些样式的人格类型和管理活动有着特定的关系，它们对团体的贡献不同，所适宜的管理环境也不同。通过 16PF，可以判断出首测人适合从事何种工作，是否具备领导和创造能力，是否适合创业。

卡特尔认为，特质有的决定于遗传，有的决定于环境；有的与动机有关，有的则与能力和气质有关。若从向度来分，可分为四种向度。

①表面特质与根源特质。表面特质是指一群看起来似乎聚在一起的特征或行为，即可以观察到的各种行为表现。它们之间是具有相关性的。根源特质是行为的最终根源和原因。它们是堆砌成人格的砖块。每一个根源特质控制着一簇表面特质。透过对许多表面特质的因素分析便可找到它们所属的根源特质。

②能力特质、气质特质与动力特质。能力特质与认知和思维有关，在 16PF 中主要由智慧因素（B 因素）表示，决定工作的效率。行为的情绪、情感方面则表明了气质和风格的特质。动力特质与行为的意志和动机方面有关。

③个别特质和共同特质。卡特尔赞同阿尔波特的观点，认为人类存在着所有社会成员共同具有的特质（共同特质）和个体独有的特质，即个别特质（指表面特质）。虽有共同特质，但共同特质在各个成员身上的强度却各不相同（指根源特质）。

④体质特质和环境塑造特质。卡特尔认为 16PF 中有些特质是由遗传决定的，称为体质根源特质，而有些特质来源于经验，因此称为环境塑造特质。卡特尔认为在人格的成长和发展中遗传与环境都有影响。他十分重视遗传的重要性，曾试图决定每一根源特质的特殊遗传成分。

卡特尔在其人格的解释性理论构想的基础上编制了 16 种人格因素问卷，从 16 个方面描述个体的人格特征。这 16 个因素或分量表的名称和符号分别是：乐群性（A）、聪慧性（B）、稳定性（C）、恃强性（E）、兴奋性（F）、有恒性（G）、敢为性（H）、敏感性（I）、怀疑性（L）、幻想性（M）、世故性（N）、忧虑性（O）、实验性（Q1）、独立性（Q2）、自律性（Q3）、紧张性（Q4）。有关这 16 个因素的说明可详见测验指导书。

16PF 适用于 16 岁以上的青年和成人，现有 5 种版本：A、B 本为全版本，各有 187 个项目；C、D 本为缩减本，各有 106 个项目；E 本适用于文化水平较低的被试，有 128 个项目。我国现在通用的是美籍华人刘永和博士在卡特尔的赞助下，与伊利诺伊大学人格及能力研究所的研究员梅瑞狄斯博士合作，于1970 年发表的中文修订本。

卡特尔 16 种人格因素问卷测试地址：

测试地址 1：http：//www. apesk. com/16pf

测试地址 2：https：//www. 16personalities. com/ch

（2）方法二

霍兰德职业兴趣自测（self-directed search）是由美国职业指导专家霍兰德（John Holland）根据他本人大量的职业咨询经验及其职业类型理论编制的测评工具，用于检验人的职业兴趣和创造倾向。

职业兴趣作为一种特殊的心理特点，由职业的多样性和复杂性反映出来。职业兴趣上的个体差异是相当大的，也是十分明显的。因为，一方面，现代社会职业划分越来越细，社会活动的要求和规范越来越复杂，各种职业的差异也越来越明显，所以对个体的吸引力和要求也就迥然不同；另一方面，个体自身的生理、心理、教育、社会经济地位、环境背景不同，所乐于选择的职业类型、所倾向于从事的活动类型和方式也就十分不同。

霍兰德认为，个人职业兴趣特性与职业之间应有一种内在的对应关系。根据兴趣的不同，人格可分为研究型（I）、艺术型（A）、社会型（S）、企业型（E）、传统型（C）、现实型（R）六个维度，每个人的性格都是这六个维度不同程度的组合，通过人格类型的不同组合，给出受试者科学的职业选择建议。这六种人格类型的特征分别是：

现实型（R）：其基本的倾向是喜欢以物、机械、动物、工作等为对象，从事有规则的、明确的、有序的、系统的活动。因此，这类人偏好的是以机械为对象的技能性和技术性职业。为了胜任，他们需要具备与机械、电气技术等有关的能力。他们的性格往往是顺应、具体、朴实的，社交能力则比较缺乏。

研究型（I）：其基本的倾向是分析型的、智慧的、有探究心的和内省的，喜欢根据观察而对物理的、生物的、文化的现象进行抽象的、创造性的研究活动。因此，这类人偏好的是智力的、抽象的、分析的、独立的、带有研究性质的职业活动，诸如科学家、医生、工程师等。

艺术型（A）：其基本的倾向是具有想象、冲动、直觉、无秩序、情绪化、理想化、有创意、不重实际等特点，他们喜欢艺术性的职业环境，也具备语言、美术、音乐、演艺等方面的艺术能力，擅长以形态和语言来创作艺术作品，而对事务性的工作则难以胜任。文学创作、音乐、美术、演艺等职业特别适合于他们。

社会型（S）：其基本的倾向是合作、友善、助人、负责任、圆滑、善于社交言谈、善解人意等。他们喜欢社会交往，关心社会问题，具有教育能力和善意与人相处等人际关系方面的能力。适合这一类人的典型的职业有教师、公务员、咨询员、社会工作者等以与人接触为中心的社会服务型的工作。

企业型（E）：其基本的倾向是喜欢冒险、精力充沛、善于社交、自信心强。他们强烈关注目标的追求，喜欢从事为获得利益而操纵、驱动他人的活动。由于具备优秀的主导性和对人说服、接触的能力，这一类型的人特别适合从事领导工作或企业经营管理的职业。

常规型（C）：其基本的倾向是顺从、谨慎、保守、实际、稳重、有效率、善于自我控制。他们喜欢从事记录、整理档案资料、操作办公机械、处理数据资料等有系统、有条理的活动，具备文书、算术等能力，适合他们从事的典型职业包括事务员、会计师、银行职员等。

人们通常倾向于选择与自我兴趣类型匹配的职业环境，如具有现实型兴趣的人希望在现实型的职业环境中工作，这样可以最好地发挥个人潜能。但在具体职业选择中，个体并非一定要选择与自己兴趣完全对应的职业环境，这主要是因为个体本身通常是多种兴趣类型的综合体，出现单一类型显著突出的情况不多，因此评价个体的兴趣类型时也时常以其在六大类型中得分居前三位的类型组合而成，组合时根据每个类型得分高低依次排列字母，构成其兴趣组型，如 EIS、AIS 等。

霍兰德职业兴趣自测测试地址：

测试地址 1：http：//types. yuzeli. com/survey/holland

测试地址 2：http：//www. apesk. com/holland/index. html

第三问：白手起家，先准备啥？

史玉柱说得好：当你准备做一件事时，认为已经准备得很充分、很完美了，但真正去做的时候才发现，原来还有 80% 的事情是自己没想到的。

1. 风险认识：创业是冒险者的游戏

（1）刀尖上跳舞

推开创业的大门，意味着你已经准备好在刀尖上冒着风险跳舞。很多人在踏上社会大舞台的时候，都曾经产生过创业的冲动，比如创办一个自己的企业、开一家自己说了算的店铺等，但最终的结果如何呢？可以说，真正创业成功者不足 1/10。我国每天都有成千上万的私营企业、公司开张，但每天同样有成千上万的私营企业、公司倒闭或易主。

微软创始人比尔·盖茨、Facebook 创始人马克·扎克伯格、戴尔电脑创始人迈克尔·戴尔等，都是辍学创业成功的人。但中国最早的辍学创业失败者，却已经没人记起了——他们倒在 2000 年的中国第一拨互联网创业泡沫里。

那五名辍学创业者是清华大学的学生。总裁鲁某是清华大学停学创业第一人，经济学硕士研究生，因创建 Y 公司在 1999 年 7 月 18 日办理停学。他们的举动在当年引发热烈讨论。

与马克·扎克伯格类似，五位清华学生当年花了 6 个月的时间把他们的网站运营成教育网内最大的个人网站。停学一个月后，第一轮近千万元的投资使这个不到 10 人的团队迅速膨胀成有 60 多名员工的企业。不幸的是，他们遇到了 2000 年 6 月纳斯达克股市大跳水以及接下来的互联网冬天。资本无情撤走，到 2000 年年底，公司 5 名核心成员走了 3 个，公司账上只有几千元余额，轰轰烈烈的创业宏图烟消云散。[1]

根据中国人民大学发布的《2016 年中国大学生创业报告》，我国有近 90% 的在校大学生有创业的意向，20% 有强烈的创业意向。2016 年自主创业的大学毕业生仅占毕业生总数的 3% 左右。在这些大学生创业企业中，创业成功率只有 2% 左右。虽然政策、投资环境和社会整体给大学生创业提供了良好的土壤，但由于大学生经验欠缺、资源积累不足等原因，目前大学生创业成功的概率并不高；加之相比创业，高校更注重培养学生的创新意识，因而带来的直接创业人群并不多。

麦克思研究院联合中国社科院发布的《2017 年中国大学生就业报告》数据显示，近 5 年来，大学生毕业即创业连续从 2011 届的 1.6% 上升到 2017 届的 3.0%，翻了近一番。其中，毕业半年后自主创业的 2013 届本科生中，有 46.2% 的人 3 年后还在继续自主创业；毕业半年后自主创业的 2013 届高职高专毕业生中，有 46.8% 的人 3 年后还在继续自主创业。甚至有数据指出，即使在浙江等创业环境较好的省份，大学生创业成功率也只有 5% 左右。换句话说，就是野心勃勃、砸锅卖铁去创业的 100 个大学生中，最终只有 5 个人成功。这种现象说明，尽管从理论上来说每个人都有创业成功的可能，但事实却是并非人人都能创业成功。

"如果你花 3 个月拿到了 1000 万元的投资，会不会大吹牛皮？媒体会帮你报道，朋友圈一堆点赞的，然后你就会觉得心情倍儿爽，顿生登上了人生巅峰的感觉……"

2016 年 8 月 31 日，AG 团的 CEO 夏某在参加一个投资人见面会路演时，坦诚心扉，希望以这种"以心换心"的方式，为自己的公司争取"活下去的机会"。

1994 年出生的夏某，在大学还没毕业时就拿到了 200 万元投资，市场估值 5000 万元，但投资人突然撤资，又让他迅速跌入低谷。创业是什么，商业是什么，90 后到底行不行？一连串的问题，让 21 岁的他陷入沉思。

大学时，夏某爱上了狗，也盯上了宠物服务这个市场。于是，敢

---

[1] 根据以下网络公开资料整理：https://www.admin5.com/article/20160120/643927.shtml；http://news.sohu.com/20110910/n318995450.shtml。

做敢拼的他迅速组建了一个团队：一个是自己的表哥，就读于华中科技大学，负责后台技术；一个就读于中南财经政法大学，负责产品和管理；还有一个就读于武汉大学，主抓外联运营。他们最初的项目于2014 年 4 月 20 日上线。2015 年 1 月，夏某通过朋友介绍，认识了家乡一个做传统生意的商人。这位投资人愿意投资 1000 万元，占公司20% 股权，这就相当于给夏某的公司开出了 5000 万元的估值。很快，第一笔资金 200 万元顺利到账。

虽然心里有着各种憧憬和向往，但当真正"幸福来敲门"时，夏某觉得有些不可思议："我都没搞清楚这钱是怎么算出来的，就成了估值 5000 万元的 90 后 CEO。"但这看上去很美的康庄之路却遍布荆棘和陷阱，处处是大坑，让人栽跟头。

第一坑，创业项目定位。比如做 App，到底是做个体验非凡的产品，还是做个承载功能的平台？这决定了是自己进行技术开发，还是请外包团队来做。

第二坑，搭建团队。初创时所有事情 5 个人就能搞定，产品上线后人手就不够了，必须招人。夏某说，招人就像谈恋爱，如果价值观、兴趣爱好不一致，能力、性格也不好，招进来只会给后来的麻烦埋下伏笔。

第三坑，核心团队状况频出。拿到投资的第二个月，负责人事的同事因母亲病重离职，负责产品的合伙人也因母亲生病，只能半兼职。两个星期内，夏某过上了"魔鬼般的生活"，人事、行政、运营、产品、外联……夏某说，别觉得当 CEO 高大上，初创公司的CEO 就是什么都要干，什么都得会干！

第四坑，大学生创业，合伙人离去。夏某说，大学生创业最大的问题是"都没毕业，变数太多"。到了毕业季，夏某团队里来自华中科技大学的两个技术顶梁柱分别去了其他公司。幸好此时有一位华中科技大学的教授伸出援手，给予夏某技术支持，把项目维持了下去。

第五坑，团队人员一起离职。临近 7 月，两个合伙人离开了，团队管理也出了问题。从运营、设计、技术，花了 3 个月招来的人，一个个都离职而去。这也让夏某一度崩溃，几乎要放弃。

第六坑，资金链断裂。7 月底，投资人告诉夏某，由于自己的资金紧张，可能不能继续投资了。得到这个消息后，一直硬扛的夏某终于受不了了，整整一晚上，他躺在床上，睁着眼睛，哭哭笑笑。

回望自己创业的前半程，夏某唏嘘自己就是在这六个坑里跌倒了再爬起来。他想劝告所有的 90 后创业者，不要轻易创业，创业故事真的只是故事而已。[1]

(2) 冒险者专有

然而，面对创业，没有胆量、迟滞不前又是最大的误区。很多人认为创业需要很多条件，比如很多朋友会说："刚出校门的学生或一个工薪出身的家庭，哪里有创业的实力？哪里有资本和经验去创业？最好的选择就是去公司打工几年，储备点经验和资金，几年后有机会的话再自己创业。"无数人做着创业梦，只有少之又少的人付诸行动，为什么？因为创业是勇敢者的游戏。敢想、敢干，拿出胆量是创业者的首要资本。

创业没有统一的标准可循，也没有固定的模式可鉴，关键是要有胆量，找到方法，敢于突破，否则，再多的才能、再好的机遇也会在畏首畏尾、犹豫不决中丧失。新希望集团总裁刘永好在谈到个人成功时说："（成功）就是做别人不敢做的事。别人没有投资农业时我们投资了，别人没有组建集团时我们组建了，别人还没有在金融领域投资时，我们已成为民生银行大股东了。"

2014 年 12 月，有网站针对创业做了一项调查。结果显示，70% 的年轻人都有创业意向，但真正付诸实施的却只有 10%，这个数据非常值得探究。比起就业，创业面临着更多的困难，这是一个事实。虽然国家出台了一系列创业帮扶政策，国内的创业环境已有了很大的改善，但为什么还是有那么多有创业意向的年轻人不能将创业计划付诸实施呢？创业时机未到、好项目有限、启动资金筹集难，这些都是理由，但却不是最重要的理由。最重要的理由只有一个：不愿冒险。

创业环境再好，创业也有一定的风险，有多少人能够战胜自己对稳定的渴求而去冒险呢？可是，不冒险，便没有创业的成功，也就享受不到创业成功的快感。创业前既要充分认知风险，又要充满冒险精神，这是创业者必须面临的选择。

2. 万变之宗：资源的积累

创业资源是指在创业活动中替企业创造价值的特定资产，包括有形资产与

---

[1] 根据以下网络公开资料整理：http://www.sohu.com/a/125259085_474107；http://www.sohu.com/a/238019474_100202537；http://www.ctoutiao.com/108390.html。

无形资产，并通过对不同资源的整合和利用，使其发挥最大的效益。在这里，我们选取对于大学生创业者最为重要的知识、资金和创业经验积累展开论述。

（1）知识的积累

对大学毕业生而言，专业知识应是其知识结构的核心部分，也是科技人才知识结构的特色所在。专业知识是指与创业目标直接相关并发挥作用的知识体系，是对本领域研究对象或工作起直接指导作用的理论体系，在形式上表现为某种性质或类别的学科知识，如机械、电子技术、动力工程、航天等自然科学和社会科学方面的知识。所谓精深，就是说大学生对自己所要从事专业的知识学习要有一定的深度，不仅要有量的要求，更要有质的要求，对概念体系、理论体系、研究动态等都要有深入的了解，同时要兼顾其他相关知识领域。

对于大多数人来说，创业与他们所学的专业之间有着密切的关系，因为有些专业非常适合单干或两三个人一起合伙创业，专业知识对于创业者确定创业目标有直接作用。要在某一领域开展创业活动，就必须深入了解该领域的活动及发展规律。可以说，专业知识就是对某一领域内事物发展规律的概括和总结。掌握的专业知识越多越深，创业活动就越能有效地开展。综观近年来在高科技领域取得成功的创业者，无一不具有深厚扎实的专业知识。他们中有些人虽然未经过系统的专业教育和培训，但是也在实践中不断摸索总结出事物发展的规律，积累了大量相关知识。

与此同时，商业、管理和政策知识也十分重要。商业知识包括有关私营及合伙、有限公司的法律法规，市场预测与调查知识，消费心理、定价知识和策略，财务会计基本知识，资金筹措知识，资金核算及记账知识等。管理知识则包括企业制度管理、人力资源管理、营销管理、财务管理、战略管理等。政策知识包括国家关于创业的政策、法律方面相关的法律、法规，包括《公司法》《合伙企业法》《个人独资企业法》等相关法律。

（2）资金的积累

创业资金的获得是创业成败的关键环节。企业的创立、经营和发展均离不开资金的支持，哪里需要资金？如何筹措资金？这是每个创业者都需要了解的。

凡谈及创业，必引出创业资金问题。任何创业都是需要成本的，就算是最少的启动资金，也要包含一些最基本的开支，如产品定金、店面租金等，更别说大一些的商业项目了。创业者需要快速、高效地筹集到资金。据调查，2015年大学生自主创业资金主要依靠父母、亲友投资、借贷和个人积蓄，比例约为78%；来自商业性风险投资、政府资助的比例均较小，还不到5%。很多大学生创业，启动资金就是问题。10 万元、20 万元的启动资金，在很多创业者看来不值一提，但是对于大学生而言，往往需要众筹、借钱甚至向家里要钱。资金积累的重要性不言而喻。

过去大学生创业资金的来源多是自筹资金，或由个人、父母、亲友的投资与借贷，现在国家有"中小企业创新基金""大学生创业导向基金""天使基金"以及由共青团中央、中华青年联合会、中华全国工商联合会共同倡导发起的一个旨在帮助青年创业的项目，即 YBC 创业贷款，该项目可为 18～35 岁的青年提供无息无抵押贷款，货款总额在 3 万～5 万元，也可以申请小额创业贷款。若参加创业大赛获得名次，也可以得到一笔创业基金。

但是，有了资金也未必能创业成功，还要懂得规划使用。有些人容易低估经营企业所需要的资金，他们对于一些显性的开支（如原材料和劳动力）看得非常清楚，而对于一些隐性的开支（如信息成本、管理成本、利息支出以及信用损失等）则容易忽略。一到具体创业的时候，不少创业者容易低估创业资本的总额。还有一些人，在创业之前粗略地估算了一下创业所需要的资金，觉得自己手中的这些钱已经足够了，在自觉颇具胜算的情况下开始了创业，匆匆忙忙地干了起来。等干了一段时间之后，才发现一切并不如自己原来所想的那样，该来的订单迟迟不来，"不该来"的账单却一张接着一张地飘了过来，只好颓然收场。

2012 年 6 月，还在读大二的尹某从美国辍学回国创立了一个 KTV 服务 O2O 平台。尹某曾声称，要抢在他人之前撼动这个百亿元的市场。8 月，这一平台官网上线，覆盖南京 62 家 KTV。同年 12 月，App 上线，首日下载量超过 2000 次，订单数也达 160 笔。2013 年，尹某注册了北京 L 技术有限公司，公司先后于 2013 年和 2014 年初获得来自 IDG、红杉资本的 A 轮与 A＋轮共数千万元的投资，公司估值过亿元。但 2016 年 2 月，平台遭遇了现金流危机。

尹某发布内部信，表示由于 C＋轮融资失败，再加上此前采购大批硬件设备，账上的现金用尽，已无法维持员工工资，账面资金与不动产变卖也难以维持全体员工一个月的工资。同时，他宣布公司解散，并表示将在年后分批次把 1 月的工资发给大家，并请大家提交离职申请。这引起了员工不满和外界质疑。

公司员工多数签了协议离开，公司从 600 多名员工变成 170 多人。然而 6 月，尹某却宣布平台还在继续运营，并且已经扭亏为盈。

他表示当初的确盲目扩张，但现在业务目标已有本质变化，B 端从 2015 年的亏钱，到 2016 年有了净利润，每一个城市能赚几十万元，获取几千个屏幕。他称将继续融资。

事情在 7 月再次发生反转，有网友爆料平台"再次"倒闭，并删除员工协议，上面写着 L 公司拟申请破产。12 月，因劳动人事争议，L 公司被列为失信企业。目前，工商信息显示，北京 L 技术有限公司已由注册在香港的某公司完全控股，截至 2016 年 6 月的年报显示该公司状态为歇业，而尹某注册的另一个网络科技公司也显示为歇业。这场轰轰烈烈的闹剧在资金枯竭中黯然落幕。①

（3）创业经验的积累

大学生长期待在校园里，对社会缺乏了解，特别在市场开拓、企业运营上，很容易陷入眼高手低、纸上谈兵的误区。缺乏经验是目前大学生创业中普遍存在的问题，不少大学生创业者不习惯对其产品或项目做市场调查，而是进行理想化的推断，例如："如果有 3 亿人需要我们的产品，每件售价 100 元，我们就有 300 亿元的销售市场。"这种推断方法是站不住脚的，而且常常起着误导作用。

因此，大学生创业前要做好充分的准备，一方面去企业打工或实习积累相关的管理和营销经验，另一方面积极参加创业培训，积累创业知识，接受专业指导，提高创业成功率。有志于创业的高校毕业生如果缺乏创业的经验，可以先加盟与自己创业目标相符的公司，经过一段实践，积累了经验，积蓄了资金，在时机成熟时再独自创业，这对许多要创业的毕业生来说也许是更理智、更稳妥的选择。

黄炳川龙是一个 90 后，来自浙江温州，他虽无工作经历，但实习履历颇为耀眼，在工作中积累了大量的创业经验。念大三时，他就在索尼（Sony）、eBay 和百姓网等企业实习过，这些企业的互联网创业氛围也深深地影响了他。直到在同济大学读研究生，他心中的创业之火也从未熄灭。2014 年黄炳川龙在学校的实验室里开始了项目的最初开发，当年 10 月成立团队创立 App Store 数据分析平台 CQASO，

---

① 根据以下网络公开资料整理：http：//www. sohu. com/a/138226373_543816；http：//business. sohu. com/20160206/n437030490. shtml；https：//www. admin5. com/article/20160205/646482. shtml；http：//hb. qq. com/a/20160816/009970. html。

致力于打造国内最大的 App 一站式运营服务平台。

创业两年多来，黄炳川龙走得跌跌撞撞，但从未止步。功夫不负有心人，黄炳川龙的项目在 2015 年拿到大学生创业基金的雄鹰计划资助；2016 年 2 月，公司月营收已有 500 万元；2016 年 5 月，公司获 A 轮融资。黄炳川龙的创业迎来了全速发展期。①

对年轻的创业者来讲，不能太急躁。积累经验、吸取教训是很重要的，经验来自于生活和工作经历，它形成于我们的成长历程中。所以，无论是创业还是工作，都是一种磨炼，一种经验的积累。

当然，并不是一个人要等到具备了所有经验的时候才去创业。虽然创业团队中的每一个人经验都比较少，但如果能够形成合理的互补关系，而且能够同舟共济，也会成功。有意识地积累经验，这是成功创业的最大智慧。

本章习题

1. 试着给出你对创业的一般性定义，并指出大学生创业的特殊之处。
2. 你认为创业者素质中最重要的三项是什么？
3. 结合自己的实际情况和测试结果，说说自己是否适合创业、是否想要创业。

参考文献

[1] 呼志强：《大学生创业前的 11 堂必修课》，机械工业出版社 2017 年版。

[2] 洪江涛、杨晓雁、施可人、陈纡雯：《大学生科技创业者胜任力的实证研究》，载《中国管理科学》2016 年第 S1 期。

[3] 苏晓华，郑晨，李新春：《经典创业理论模型比较分析与演进脉络梳理》，载《外国经济与管理》2012 年第 34 卷第 11 期。

① 根据以下网络公开资料整理：https://www.sohu.com/a/117663457_407277；http://www.kaixian.tv/gd/2016/0906/15830.html；http://app.why.com.cn/epaper/qnb/html/2016-09/06/content_302389.htm? div = -1。

［4］木志荣：《创业困境及胜任力研究——基于大学生创业群体的考察》，载《厦门大学学报》（哲学社会科学版）2008 年第 1 期。

［5］单标安，费宇鹏，于海晶，陈彪：《创业者人格特质的内涵及其对创业产出的影响研究进展探析》，载《外国经济与管理》2017 年第 39 卷第 4 期。

［6］陈昀，贺远琼：《创业认知研究现状探析与未来展望》，载《外国经济与管理》2012 年第 34 卷第 12 期。

［7］沈雁华、祁丽：《大学生创业理论与实践》，华东师范大学出版 2015 年版。

［8］陈忠卫：《知行统一路：大学生创业案例与创新创业教育研究》，经济管理出版社 2016 年版。

［9］郑伟：《大学生创业指导教程》，机械工业出版社 2012 年版。

［10］李闻一、胡永政：《大学生创业教育与实践》，南京大学出版社 2011 年版。

［11］李肖鸣、葛玉辉、陈悦明：《大学生创业测评》，清华大学出版社 2010 年版。

［12］孙思忠、孙乃龙、安玉娟：《大学生创业指导——创业并经营你的企业》，山东人民出版社 2013 年版。

第 2 章

团队：那些一起创业的小伙伴

"一个篱笆三个桩，一个好汉三个帮"，一个人的力量有限，何况创业是一项漫长而艰难的事业。在前行之路上合作伙伴间的互相鼓励、遇到困难时的相帮相持，团队的力量在创业过程中不可忽视。

理 论 篇

2.1 创业团队是什么

2.1.1 创业团队的概念

什么是创业团队？什么样的组织能称之为创业团队呢？在过去二十多年的研究与探索中，创业团队的研究得到了一定发展，诸多学者在探索中对"创业团队"进行了定义，这些定义的出发角度主要集中在创业团队中的所有权、人员构成以及参与时间上。卡姆等（Kamm et al.，1990）提出：创业团队由两个或两个以上的个人组成，这些个人参与创业过程并且投入一定比例的资金，享有相应的股份权利。库尼（Cooney，2005）在这个研究的基础上丰富了这一定义，他认为创业团队是积极参与创业过程而且有重大财务利益的两个或两个以上的个人。从库尼的定义中我们可以看出，他强调了"重大财务利益"，他认为在一家公司中，只有一部分人拥有平等的财务利益，这样可以将"非创业团队关键人员"分离出来；同时库尼强调"积极参与"，通过这一点来排除"沉默"的合伙人；最重要的是该定义是关于"企业发展"的，承认了创业过程具有动态性，允许团队成员在企业发展的各个阶段进入团队或是退出团队。尔后，恩斯利（Ensley）等人把上述概念进行了整理，归纳出创业团队成员必须满足的 3 个标准：一是共同参与一个公司的建立；二是有共同的股权利益；三是对公司的战略选择有直接影响。

诸多学者从人员构成的角度出发，提出了创业团队的定义。加特纳等（Gartner et al.，1994）认为，创业团队包括公司里的董事会，尤其是占有公司一定股权的投资人。平田光子（Mitsuko，1998）则把创业团队定义为参与且全身心投入公司创立过程，共同克服创业困难和分享创业乐趣的全体成员。至于律师、会计师和顾问等外部专家，由于只参与公司创立的部分工作，不能算作创业团队成员。

从参与时间的角度，钱德勒和汉克斯（Chandler & Hanks，1998）提出，创业团队是在公司成立之初就参与公司运营并执掌公司的人，或是在公司开始营运的前两年加盟公司的成员，并且认为创业团队不包括没有公司股权的一般雇员。舍特（Schjöedt，2010）则认为无论是新创企业建立前或者是建立时，只要参与了公司建立的人员都是创业团队的成员。

随后，团队过程理论渐渐兴起，许多学者尝试从团队过程的角度阐释创业团队，哈珀（Harper）在其《创业团队理论研究》（Towards a Theory of Entrepreneurial Teams）一文中指出，创业是在结构不确定性条件下的一个寻求利益、解决问题的过程。他所定义的创业团队是一群拥有共同目标并且为了这个目标协同合作的创业者。哈珀的定义强调了创业团队行动的一致性。舍特和克劳斯（Schjoedt & Kraus，2009）将各种宽泛的定义进行了整合，提出了一个新的创业团队定义：创业团队由两个或两个以上的，有财务或者其他利益关系的，参与新企业的建设并为新企业做出过承诺但还未从新企业的成功中获利的人构成；他们为了企业的成功和共同的目标而协同工作，共同对团队和企业负责，在创办与启动前他们被视为负有行政责任的高管，并且他们自己认为自己是一种社会团队，他人也是这样认为的。这个定义就创业团队的规模、目标、财务与其他利益关系、合作方式与职责、合作时间、权利与社会角色等都做了具体的界定，但仔细研究会发现这一定义的缺陷，即没有考虑到所有权与经营权是整个创业团队定义的核心。朱仁宏等（2012）在前者研究基础上提出了更为完整的概念，他认为创业团队是由两个或以上具有共同的愿景和目标，共同创办新企业或参与新企业管理，拥有一定股权且直接参与战略决策的人组成的特别团队。他们拥有可共享的资源，按照角色分工相互依存地在一起工作，共同对团队和企业负责，不同程度地共同承担创业风险并共享创业收益。

本书将创业团队定义为由两个及以上拥有共同创业愿景的人组成的团队，在团队中成员间资源共享、风险共担，共同参与新企业的管理。

2.1.2 创业团队的特征

成功的创业团队，首先需要创业者们具有共同的创业理念。共同的创业理念不仅决定了团队创业的目标、创业团队的性质及创业的行为准则，而且也是形成团队凝聚力和合作精神的基础。团队中的成员需要互相配合，紧密合作，既各司其职又能做到互相帮助，从而提高整体的工作效率。团队的每一个人都是一股紧密联系又缺一不可的力量。团队的整体成功才能使每个人都获得最大利益。拥有共同的创业理念和价值追求，能更容易建立起这种心理契约和创业氛围，从而形成一个凝聚力强、效率高、整体协同合作的优秀团队。

其次，创业团队的构成要有异质性，即团队成员在技能、经验或是人文因素上要具有差异性。从宏观上讲，技能包括概念技能、人际关系技能和技术技能三个方面；从微观上讲，技能具体包括创业者受教育程度、所学专业、掌握的技术等。经验包括个人的工作经历、专长、产业背景知识等。人文因素主要指创业者的性别、年龄、民族等方面。创业团队的异质性有助于提高团队创业的科学性，创业者们可以从不同的角度分析问题，有更多的思维和理解方式，从而能为创业提供更多的决策选择和解决问题的方法。团队成员的异质性能起到相互补充和平衡的作用，在创业过程中遇到的问题都能有相对专业的人士来解决，提高了团队的效率和创业的成功率。不仅如此，团队成员在技能和经验上的差异性，使得每个成员都拥有其独立的有差别的社会网络资源，从而使得整个团队的社会网络资源能够实现互补。

最后，团队成员要有合理的报酬和激励。追逐利益是创业团队建立最原始的动力。而建立在合理的利益分配关系上的团队才具有发展性和稳定性。团队成员的差异性导致了每个成员对创业的作用和贡献不同，为创业团队带来的收益也会有所区别，因此在团队组建之初要根据实际情况制定合理的报酬分配方式，使得每个成员都能在相对公平的氛围下合作。合理恰当的激励是创业团队不断发展和成长的动力所在，给予每个成员适当的激励，既能够刺激创业者发挥最大的能效、获得更多的收益，还有助于增强创业团队的稳定性，因为单个创业者只有在团队中能获得期望的收益，才会更加努力地工作。然而激励的方式并非一成不变，创业企业在不同的生命周期内，创业者们所需求和追求的利益会随之改变，因此要根据实际情况，调整激励方式，从而使创业者们在各个时期都能尽最大的能力为整个团队和企业的发展做出贡献。

总体来看，创业团队的特点有三：第一，创业者理念共通；第二，团队构成的异质性；第三，合理的报酬和激励。

2.1.3　大学生创业团队的特点

大学生作为一个典型的特殊群体，其受教育水平相对较高，拥有专业化知识和技能，容易接受新生事物，并受新生事物的影响较大，自我实现意识较强。近年来政府和高校对自主创业的大力提倡，以及在政策方面对大学生创业的大力支持，越来越多的大学生选择自主创业。然而，大学生由于个人专业、能力、社会资源和资金的限制，很难凭一己之力创立新的企业，因此团队式创业模式越来越受到大学生的青睐，成为大学生自主创业的主要模式之一。

大学生创业团队相较于一般的创业团队，其最显而易见也最典型的区别就在于创业成员均为大学生。与一般创业者相比，他们拥有较高的学历和较强的专业基础知识，有丰富的知识背景，在能力、技术水平等方面也有一定的优势，通常其创业会选择高新科技和一些技术性较强的方向，以发挥其所学知识和技能。另外，大多数大学生创业者会选择成本低、风险较小的项目，即使失败，也不会造成非常严重的后果，反而能让大学生们从中汲取经验教训，东山再起。大学生的头脑灵活，思维活跃，具有强烈的创新意识和自我实现意识，接受新鲜事物能力强，也能很快通过学习将知识转化为产出。然而，大学生毕竟处于相对封闭的大学校园内，接受的大多是书本知识而非实用的实践技能，因此大学生创业团队在创业过程中，会因社会经验、人生阅历等方面的限制而显得普遍缺乏概念技能，不能很精准地把握市场的变化，也很难适应社会激烈的斗争。除上述问题之外，资金问题是大学生创业的首要问题，虽然政府出台了很多政策鼓励大学生创业，但是大学生创业企业往往融资困难，流动资金紧张。大学生们在创业之初，往往会因财务概念模糊导致企业财务管理混乱，对企业整体运营产生影响。

综上所述，要组建一支优秀的大学生创业团队，首先要保证团队成员志同道合，有共同的创业梦想、相同的价值观和金钱观。志同道合是彼此合作的基础，志同道合的创业者之间形成的心理契约才会更稳固，也只有志同道合的创业者才能在创业的道路上相互体谅，共担风险，风雨同舟。志不同道不合很容易在合作的过程中产生分歧和争吵，而各自的信念和想法也很难融合在一起，即使是为了共同创业勉强融合，也会在今后的进程中逐渐暴露出不可调和的矛盾，合作最终很难取得成功，创业的成功就更遥不可及。其次，大学生创业团队需要不断学习，成为一支学习型创业团队。大学生在学校学习的知识毕竟有限，因此创业并不是学习时期的结束，而是新的学习的开始。所谓厚积薄发，只有不断地学习吸收新的知识并掌握更多的技能，才能保持创业团队的生命力和创造力。团队中每个成员都需要意识到自己的劣势，通过不断的学习来完善各方面的不足，在团队中形成浓厚的学习氛围，从学习中汲取更多的营养和资源，从而促进整个创业团队快速成长以及创业企业更高效快速地发展。最后，大学生创业团队需要规范化的管理。在团队创建之初要制定好相应的规章制度，明确今后的利益关系和分配原则。大学生创业团队的形成大都以情感为纽带，但是管理一个团队仅仅依靠友情是不够的，还需要理性的和有约束性的规章和制度作为共同创业的行为准则，才不至于在企业发展过程中产生不必要的争议和纠纷，从而损害整个创业团队的利益。

2.2 大学生创业团队有几种

2.2.1 按照是否有创业项目划分

按照在成立之初是否有创业项目或是创业点子，大学生创业团队可分为项目型创业团队和情感型创业团队。项目型创业团队的结合是基于创业项目（点子）基础之上的，团队组建目的明确。而情感型创业团队是以情感（友情、亲情、同学情等）为纽带而组建的团队，但是团队组建伊始，并没有明确的目标。

项目型大学生创业团队，即在创业初始，已经有较成熟的创业项目或是创业点子和商机，基于项目（创业点子）的需要所组建的创业团队。简单而言就是先有创业项目（点子）再有创业团队。

Sun Microsystem 的创始人维诺德·科尔斯勒首先确立了多用途开放工作站的概念，根据创业项目需求，他先后找了两位软件和硬件领域的专家 Joy 和 Bechtolsheim 以及具有实际制造经验和丰富人际技巧的 Mcneary，四人组成了 SUN 的创业团队。①

———————————

① 根据以下网络公开资料整理：http://doc.mbalib.com/view/5f9ceb396b33c008789907ddcd06fab9.html。

　　此类创业团队的形成类似于集聚型创业团队，是由一个人或少数人所发起的，以项目和任务为导向，其创业目标明确，创业成员的能力、个性及相关技能和特长均有利于创业项目的开展，因此团队具有较强的专业性。项目型大学生创业团队的优点在于：一是团队创业目标明确，向心力强，创业成功概率较高。创业项目一旦确定，创业团队就有了明确的创业方向，在未来利益的驱使下，成员均具有较高的创业热情和实现目标的动力，所有人的行为均围绕着既定的创业项目，以更好、更快地将创业项目转化为创业行动。二是组织结构紧密，各成员的能力素养均符合组织发展的需要，组织效率高。三是团队稳定性强。在组建团队时，各成员对项目都会有一定的了解，不论是团队还是创业项目都应该与个人性格和兴趣相符合，因此在组织发展中，不会出现团员因性格和兴趣不合而导致团队解散的情况。项目型大学生创业团队在选择项目时应慎重，项目应具有可行性，也要根据自身的实际情况进行决策。如果创业项目选得不切实际，以学生的力量根本无法实现，创业一旦失败将对创业团队造成很大的打击，甚至解散。而创业项目选得过于保守，将会造成人员的冗余和资源浪费。

　　情感型大学生创业团队即一群有创业热情和愿景的大学生，在没有明确创业项目和创业商机的情况下，因为共同的兴趣爱好、志向等而组合起来的创业团队。

　　　　杨致远在斯坦福大学攻读博士学位时结识了同学大卫·费罗，通过交流发现彼此都有创业的想法，而此时的两人都沉迷于互联网，通过互联网寻找科研、学习资料并加入书签，随着书签数量的增多，两人都感到查找资料不便，于是，他们把这些书签按类别进行整理，当各个目录都容不下时，再细分成子目录（这种核心方式至今仍是雅虎的传统），他们将其编制成软件，并放到网络上让其他冲浪的人享用，不久，他们的网站招来了许多用户，受到了极大的关注和广泛的欢迎。这就是最初的雅虎（Yahoo!）[1]。

　　情感型创业团队在创业初期并没有确定的方向，在团队组建后一起寻找商机和项目，再经过所有人讨论后制定决策，决定创业方向。简单而言，就是先有创业团队再有创业项目。在实际生活中，情感型大学生创业团队的数量要多于项目型大学生创业团队。情感型大学生创业团队的优势在于：一是基于头脑

---

　　[1]　根据以下网络公开资料整理：https://baike.sogou.com/v487364.html。

风暴的决策模式，使决策更加科学和理智，降低了决策风险。二是团队凝聚力强。创业团队是由成员自发组成的，每个人地位平等，所扮演的角色相似，每个成员都有主人翁的意识，把个人的利益和团队利益结合在一起，为了实现创业愿景而紧密结合在一起，相互协调和配合。

2.2.2 按照专业构成划分

按照大学生创业团队内部成员所属的专业，可将大学生创业团队划分为两类：多元化大学生创业团队、单一化大学生创业团队。多元化大学生创业团队成员所拥有的专业基础知识以及专业技能更具有多样性。单一化大学生创业团队中成员所学专业更集中于某个方面。

多元化大学生创业团队即团队成员在专业上具有异质性，由多个专业的学生共同组建的创业团队。多元化创业团队的组成更符合创业的实际要求，团队成员在专业上的异质性有利于团队从多个专业角度出发形成合理的决策，能够从各个方面为企业提供知识资本和社会资本，包括不同专业的技能、经验、想法等潜在资源。多元化大学生创业团队具有一定的优势：首先，多种专业的融合和碰撞容易产生出更多的想法和观点，有助于帮助组织创新；其次，不同专业的人面对问题会有不同的思维方式和处理办法，对于团队遇到的困难，可以从多个方向考虑解决方案，产生更为科学和理性的决策，从而提高整个组织的效能。但多元化大学生创业团队也有其缺陷：专业背景不同的成员其教育背景和文化背景会有一定的差异，这会在一定程度上影响团队整体的契合度，容易产生一些冲突，而这些冲突可能会破坏组织的团结，导致凝聚力的丧失。

单一化大学生创业团队即团队成员专业构成相对单一，由一个或几个类似专业的学生所组成的创业团队，其内部成员拥有的专业知识和专业技能种类相对集中。单一化创业团队的创业项目大多数倾向于和本专业相关度高的技术性项目。其优势在于以下两点：首先，这种创业团队具有较强的专业知识和较强的技术技能，无论在理论方面还是实践方面都具有很强的优势；其次，专业背景、文化背景相似的成员有着更多的共同经历，在决策时更容易达成共识、产生共鸣，决策的效率会比较高。但由于专业过于单一，此类创业团队也有很多的劣势：首先，创业团队缺乏在其他方向的专业性人才，遇到问题时可能需要比多元化创业团队花费更多的时间解决；其次，成员专业结构相似，在团队中能担任的角色也大致相同，组织内部很难进行全面的职能分配；最后，成员专业上的类似性也会在一定程度上导致创业团队能够获取的社会资源较为单一，成员间的社会资源叠加多于互补，不利于团队的整体发展。

2.3　大学生创业团队形成受哪些因素影响

2.3.1　大学生自身素质

第一，创业意愿。创业意愿是指个体是否愿意进行创业活动的一种主观态度，是对个体创业特质程度、创业态度评价、创意和创业环境影响的描述。在这个概念中，创业特质是"个体创业人格特质"的简称，它是个体创业中的一种稳定的心理特征，在一定程度上决定着个体的创业意愿，这种心理特征主要包括个体的成就动机水平、风险承担倾向以及问题解决能力等。

大学生创业者在进行创业的过程中容易产生过分关注创业的外在条件而忽略创业心态的问题，由于在创业伊始创业者的方向有不确定性，心态也容易产生起伏。创业过程中会遇到各种风险和挑战，这时候由于大学生还没有真正步入社会，所以社会经验不足，面对问题时很难保持平和的心态，面对压力时的承受能力也有所欠缺，导致无法快速有效地解决问题，团队内部也容易产生分歧和冲突，导致创业活动的失败。

第二，创业能力。创业能力是决定创业能否获得成功的决定性因素，主要表现在创业团队成员能否在创业过程中适当地运用自身拥有的知识解决问题。创业能力实质上是一种个人综合能力的表现，在创业过程中，创业能力发挥着重要的作用，能够决定整体事业的持续扩大与发展。创业能力一般包括学习能力、沟通能力、领导能力以及决策能力等。大学生作为一个典型的特殊群体，在创业过程中缺乏经验，综合素质也不够强，而创业过程作为一个复杂的过程，涉及管理、法律、财务、经济等多方面的知识，很多学生对这些相关知识的掌握程度并不够，或是仅有理论知识，缺乏实践能力和经验，难以将所学的理论与实际创业活动结合起来。大学生在校期间会参加一些实践，如参加挑战杯大赛、创业设计大赛、课外科技作品创作、科技园孵化活动等。有多元实践经历的学生更能处理好复杂的情况，创业意愿更高。

第三，创业资金。统计研究表明，资金是制约大学生创业的重要因素。大学生创业者的创业资金多数来源于三个渠道，包括大学生创业者的自有资金、各种借款（尤其是银行借款）以及风险投资等，但获得资金的难度都较大。这是由于大学生创业者没有直接经济来源，依靠父母的资助毕竟有限，且没有财务自由；同时，大学生创业者无法提供资产抵押和信用担保，银行不会轻易向大学生创业者提供借款；大学生创业者没有管理和运作企业的经验，如果没有好的创业项目或者创业企业没有一定的盈利，风险投资公司是很难向其投资的。随着政府对于大学生创业支持的力度越来越大，大学生创业环境越来越好，"天使"投资会越来越普及，"天使"投资将成为大学生创业资金的重要选择。

2.3.2 大学生家庭环境

马克·扎克伯格20岁那年，就跟同学一边吃着比萨，一边在宿舍里搞出了Facebook，而且访问量大得惊人。扎克伯格出生在一个典型的中产阶级家庭，父亲爱德华·扎克伯格是一名牙医，母亲则是精神科医生。这个家庭的四个子女每个都是人才，姐姐兰迪在Facebook当过产品经理和发言人，后来自己开了家社交媒体公司；唐娜是名校普林斯顿大学博士生，丈夫哈里·施密特在高中时就曾设计出一款翻译应用软件，并且给学校赚了钱；小妹艾瑞尔大学读信息技术专业，毕业后在网络交互公司做产品经理。

扎克伯格家子女的成就离不开家庭的影响，父亲老扎克伯格有着独到的眼光，他能发现孩子的长处，给孩子自由成长的环境，只要是孩子想做的事，夫妻俩就很支持，只有一条建议：努力做好。他们发现小扎克伯格对电脑感兴趣，在那个电脑还是奢侈品的时代，老扎克伯格花光了家里的储蓄，给4个孩子每人配了一台雅达利800型电脑。老扎克伯格夫妇的教育无疑是成功的。①

由扎克伯格家族的成功案例可见，家庭对大学生创业有着深远的影响，这种影响从幼年时期就开始了，并最终影响到一个人的行为。我们可以将家庭的影响总结为以下几点：

一是大学生个人特征。大学生个性特征及背景与家庭环境有着密不可分的关系，在不同家庭环境中成长的人，他们的价值观、世界观、人生观以及性格

---

① 根据以下网络公开资料整理：https：//new. qq. com/cmsn/20160304/20160304023239。

甚至爱好都会存在较大的差异。研究发现，创业者的亲属是否拥有自己的公司对大学生创业会产生一定程度的影响，家庭和社会关系作为大学生身边的重要影响因素，其创业经历会对大学生的创业动机与态度产生直接影响。很多大学生在创业初期比较茫然，会选择向亲近的亲戚朋友咨询创业相关问题，听取多方面的建议和观点，因此，亲戚朋友对于大学生创业者的影响也较大。除了影响创业动机外，亲戚朋友的交际圈中正在创业或有创业成功经历的人都会对大学生的独立判断力、职业生涯的发展规划起到积极的引导作用，推动大学生的创业。家庭对大学生创业是否支持，也是影响大学生能否走上创业之路的关键因素。大学生创业活动开展得如火如荼，但仍有很多家长不同意自己的子女创业，主要原因在于担心儿女吃苦受累，认为创业活动风险大且不稳定。而大学生自主创业需要家长、亲朋好友的支持和鼓励，因此亲戚朋友对创业的态度、对创业的认知及对创业的支持度将会直接影响大学生的创业活动。

二是家庭环境和家庭资源的影响。一个家庭的政治背景、经济状况、文化底蕴、和谐程度、家庭成员的素质等情况对大学生的成长、创业成功与否至关重要。家庭在中国人的心中占有非常重要的位置，大学生的个性跟家庭成长环境密不可分。由于受到传统家长制的束缚，中国的年轻人在很多方面都要得到父母长辈的同意，大学生能否真正走上创业之路，与家庭的支持有着密不可分的关系。大学生创业的最大绊脚石是创业的启动资金，在校创业或毕业就创业的学生大多是家里条件比较好的学生。如果面对的是充裕的可支配资金，大学生创业的积极性会高很多。

三是家长对创业的态度。由于我国传统文化的影响，家长对子女有着特殊的家庭教育模式，子女一般会与家庭长时间生活在一起，所以父母及长辈们的文化程度、职业种类、生活经历、思想意识、价值观等会对孩子产生很大的影响并一直持续影响他们的生活，学生的性别、所学专业、家庭地区、父母的经历等变量对我国大学生的创业态度影响相当大。在我国，大多数家庭观念还十分保守，尤其是家庭经济条件不够宽裕的家庭，家长希望孩子毕业后有稳定的工作，比如考公务员、进入国企或事业单位。即使找不到稳定工作也不支持孩子创业、去冒险，因为家长了解学生创业的风险，担心创业失败后对孩子的后期发展不利，这与国人习惯安稳过日子、不喜欢竞争环境有关。家庭在创业初期给予的支持决定了大学生创业是否得到有效帮助和能否取得创业成功。而如果孩子决定创业，从家庭角度出发，给予资金与社会经验的支持是十分重要的。

在"大众创业、万众创新"背景下，家长应该适当改变对于大学生创业的态度，对于有能力、有想法的孩子创业给予大力支持和鼓励，通过家庭的力量鼓励大学生自己开创企业。对于那些对创业持反对态度的家庭来说，其子女如何获得长辈的理解和支持，仍然是摆在创业大学生面前非常棘手的问题。

2.3.3　高校创业环境

（1）高校创业教育

创业教育开展的目的在于培养创业者相关的心理素质，提高大学生创业的意愿。由于我国长期实施应试教育，导致学生的个性受到一定程度的限制，导致创新意识的缺乏，观念也以求稳为主，因此实施创业精神教育和技能教育相结合的教育方式能够使得我国大学生创业走得更远。创新创业能力不是凭空而来的，而是通过大学生的在校学习得来的，是高校培养教育的结果。创新创业发展的主要内容是通过学习、实践和锻炼，培养创新意识、创业能力和实践技能，并搭建平台帮助创新创业活动的成果转化。这是大学生创新创业发展的主要外生条件，构成创新创业活动完整链条，使得创新创业活动得以顺利开展。这些链条主要包括课程教育体系、实践训练体系、转化孵化体系三个部分。创业教育是大学生创业支持系统的内部动力来源，通过创业教育的实施将激发大学生创业的动机，培养大学生的创业技能，提升大学生的创业能力。

高校在传播创业知识、塑造创业价值观和引导创业行为取向方面扮演着重要角色，与大学生创业意愿的形成息息相关，系统的创业知识的学习能够使大学生形成完善的创业知识体系，邀请创业精英举办讲座能够调动学生的创业积极性，科技园孵化活动、创业竞赛能够让大学生模拟创业过程。调查显示，有创业经验的教师开设创业教育课程，将会提高大学生的创业意愿。创业活动水平最终要依赖于创业者的意愿和创业者的技能，而创业技能和创业意愿的提升关键在于以培养具有开创性个性的人为目的的创业教育。高校自主开展的创新创业教育，具体包括创新创业课程体系、创新创业师资队伍、实践锻炼平台、激励考评体系、目标考核体系等。高校的实践训练体系是指第一课堂之外的创新创业的能力训练体系，即第二课堂，是检验创新创业教育成果的主要途径，包括通过举办竞赛、模拟实训、讲座、论坛等方式，丰富学生创新创业的感知和体验，以此提升学生对创新创业的认识和开展创新创业活动的能力。

（2）高校创业氛围

大学生创业包括毕业生创业和在校生创业，前者已经毕业，对学校依赖少，后者对学校依赖相对较多。学校本身有较多资源，是否愿意为在校大学生提供这些资源，对大学生的创业成败有较大影响。学校若不支持，在校创业首先要在校外租场地用于办公，无疑是一笔不小的开支。其次，在校生创业独自面对困难时，如果缺少校方的协助，则需要承受高风险，失败的概率很大。由于在校外办公，需要经常往返于学校与办公地，浪费大量时间，还会对学业造成不利影响。既然学校对于大学生创业有较大影响，如何发挥学校在学生创业中的作用就成为一个值得思考的问题。

目前，我国多数高校尚未形成一个完善的、健全的、浓郁的创业文化氛围，学校内部的文化氛围、培养目标、激励导向、评价体系都未能向创业素质培养倾斜。在学校里无法感受到一种积极向上、不畏困难、勇于探索的创新创业气氛，有的只是一种归于平庸、虚度年华的窘态或是一种一心只读圣贤书的书呆子形象。大学生本应是具有朝气、富有激情的创业中坚，如果置身于这样一种封闭的、静态的、循规蹈矩式的"弱势文化"氛围中，必将掩埋掉大学生的创业激情和斗志。学校所提倡的价值观会对大学生的创业态度产生很大影响。学校应该认同学生的各种创业行为并积极鼓励提高学生的创业自主性，注重对学生创业观念的转变，使学生由被动的创业观念转变为主动的创业观念，鼓励学生将创业作为自己职业的选择，并将自己的专业技能和兴趣特长相结合，创造出自己所期望的价值。引导大学生走艰苦创业、科技创业、自主创业之路。学校还可以组织一些如创业计划大赛等创业活动来激发学生的创业热情，也可以充分利用学校内的商业网点，为学生提供创业真实演练的场所，进而启发他们的创业思维，增强他们的机会识别能力。良好的创业氛围会影响个体的创业行为，大学生作为创业主体里的特殊群体，对于一切新鲜事物都具有敏感性和传染性，因此我们更应该营造良好的校园创业氛围，来不断熏陶学生们的创业意识。

2.3.4　政府政策导向

(1) 创业政策支持

大学生创业政府支持体系主要表现在软环境和硬环境上。软环境是指国家给大学毕业生提供的与创业相关的优惠政策法规和措施；硬环境是指大学毕业生从风险投资机构所能获得的创业支持。国家政策和法律对大学生创业的支持，是其构成创业动力的政治基础。根据发展需要，政府制定和完善促进大学生创新创业的各项政策措施，针对大学生创新创业发展的各方面影响因素制定激励机制，并形成制度流传下来。这些激励制度包括引导性政策、扶持性政策、优惠性政策、补贴性政策。地方政府是细化政策的具体制定者和执行者，应确保政策能够接地气，并能够顺利实施，以解决实际问题。为了解决目前大学生就业的难题，近几年来政府出台了一系列的优惠政策鼓励大学生创业，优惠涉及税收、无息或低息贷款、减免注册登记费用和手续费等，目的就是通过优惠政策吸引大学生自主创业。在创业初期，创业扶持政策主要包括为创业刚刚起步的大学生提供创业经营场所和免费的相关创业培训，使创业登记和注册的手续简单化，为在创业的大学生提供有期限的税费减免以及贴息贷款等优惠措施，解决大学生融资困难；在创业中期，可以为经验不足的大学生提供咨询服务，引导创业方向；在创业后期，为大学生提供创业补助、就业保障等方面的措施，并切实落到实处，特别是地方政府需要积极执行各项政策，使大学生全面且深入地了解创业政策，在创业过程中运用创业政策争取更大的帮助。

（2）创业一站式服务

在服务型政府中，政府是促进大学生创新创业的政策制定者和执行者、公共产品和公共服务的提供者、公平公正市场秩序的守护者、大学生创新创业正当权益的保护者。其主要任务就是要优化创业环境、降低创业门槛，转变政府职能、提升服务效能，加大政策扶持、丰富创业服务，放开市场准入，全面退出竞争性领域。创业需要各级政府机构的协调支持，需要从中央机构的顶层设计到地方具体运行操作层面的协调一致，因而需要着力整合政府相关机构，增加其输出政策的系统性和权威性。大学生创业的商务支持政策，其目标就是通过政策工具减少大学生在创业过程中的壁垒，以降低创业成本。商务支持政策包括如下两个方面的内容：一是市场准入政策，包括登记所需最低资本要求方面的政策，申办企业所支付的费用、时间、流程等方面的政策等；二是创业税费减免政策，内容涉及调低税率、延长减免税年限、增加优惠税种、提高税收起征点等政策。创业服务贯穿于整个创业过程，大学生创业服务政策包括对大学生创业提供的政务服务、创业培训以及创业服务平台建设等方面的政策。可以成立一个机构专门办理大学生创业的相关手续，大学生只需提交有关毕业事项和项目计划及投资方案等文件，所有的申请、登记、贷款等事项均可在这个机构中完成，这将大大提高审批效率，加快创业进程。在该机构设立电子信息服务平台，将有关创业方面的信息汇聚在一起，比如哪个地区有适合创业的项目，哪个地区提供了优惠场地、税收减免等，甚至包括下载申请创业的表格，这样有利于提高大学生收集信息的准确度和效率，帮助大学生早日走上创业之路。

2.4　大学生创业团队演进

创业团队作为一种群体，是有生命周期的。创业团队的生命周期至少可分为组建、发展和解体三个阶段。从生命周期的角度看，创业团队演进过程和新创企业演进过程并不一定完全吻合。创业团队组建是指团队核心的形成，可始于创业点子形成之前或之后，或者新企业创建之前或之后。创业团队发展基本等同于卡赞吉安（Kazanjian，1998）所划分的构念与开发、商业化、成长、稳定四个新创企业发展阶段，是指团队资源构成与协作关系优化过程，包括新成员加盟与部分既有成员退出、随之而来的团队身份与角色变化、成员协作关系的改善，也是创业团队结构优化和整体能力不断提升的过程。创业团队解体是指团队核心成员合作破裂，团队解体会导致新企业分拆/分家，部分成员或某个成员接盘或者破产清盘，并且有可能发生在新创企业发展的任何阶段。创业团队演进研究主要关注创业者个体因素以及其他相关因素（如环境因素）如何在创业机会发现和开发过程中影响创业团队的组建、发展和解体以及新企业的创建和成长。

2.4.1　创业团队组建

创业团队组建主要关注团队成员构成以及团队组建方式与过程两方面的问题。创业团队成员构成方面的研究基本上是运用高阶理论（Hambrick & Mason，1984）来探讨团队人口统计/管理特征对创业过程与新创企业存续的影响。按照高阶理论，创业团队成员的认知、价值观、感知等会影响企业的战略决策，从而导致不同的绩效；年龄、经历、受教育背景和从业经历等人口统计/管理特征决定创业团队对内外部环境的认知与判断，进而决定他们的战略选择。

团队组建模式与过程研究主要探讨两种团队组建模式，即理性过程模式和社会心理模式（Forbes et al.，2006）。理性过程模式强调成员甄选的实用工具性标准，如互补性技能或工作经验等（Timmons，1994）。相关研究表明，成员经验、知识、技能和能力平衡匹配的团队最有效率。而社会心理模式则关注团队内部和谐的人际关系与顺畅的团队运作过程，例如伯德（Bird，1989）区分了吸引、团结、形象表现、冲突、发展五种社会心理过程，并且认为它们相应会形成讨人喜欢、愿意接近、乐于结伴、愿意求同、特点互补五种动力，从而驱使创业团队成员聚集在一起。

2.4.2 创业团队发展

创业团队发展主要考察如何优化创业团队的成员构成和提高团队心理与认知一致性水平（这在本质上还是与团队组建理性过程模式和社会心理模式相对应，只不过创业团队的管理目的不同而已）两方面的问题。创业团队组建以后，接下来的主要任务就是根据外部环境变化对创业项目提出的挑战进一步优化团队内部资源结构和协作关系。

按照资源观与高阶理论，创业者及其团队成员是创业资源的载体和认知主体，因此，通过优化团队成员构成就可以实现创业资源优化的目的，通过提高认知一致性水平和进行有效的冲突管理即可改善团队成员的协作关系。这两方面的优化或改善都有助于提高创业团队的决策效能，从而提升创业绩效。毫无疑问，在保持核心团队成员稳定的前提下，通过吸纳新成员和让部分既有成员退出的方式来调整创业团队成员构成，是创业团队实现成员优化，从而实现资源优化，进而实现成功创业并促进新创企业成长的重要手段之一。新成员甄选要考虑价值观和团队规范问题，新成员的加盟是既有成员权利分配和认知偏差交互作用的结果，而新成员加盟的时间点则受新企业资源需求、团队偏好或成员个人时间安排等因素的影响。

良好的团队互动关系也是成功创业和新企业成长的重要保证。友情不仅是组建创业团队的重要基础，而且会使团队创始成员之间更多地采用非正式的隐性合约，而不是正式的书面合约，团队成员愿意投入更多的个人资产；在创业过程中，友情有利于提高创业决策效能，减少情感冲突；从创业团队发展的角度看，友情能降低团队成员流失和团队分裂的概率；从绩效看，友情越深，创业绩效就越好。

团队合作并不是一件容易的事。在创业的头五年里，创始伙伴之间积压的大量不满情绪通常会成为阻碍新创企业成长的一大问题（Timmons，1979）。虽然目前还没有有关大学生团队创业解体或部分破裂的正式统计数据，但团队合作破裂是很普通的事。核心创业成员合作破裂，往往会直接导致创业团队解体或解散，创业团队解体较好的结果是新企业分拆或由某个或某些成员接盘，而最糟糕的结果是破产清盘。一般的公司高管团队大多由职业经理人构成，因此，除非公司破产，否则不存在团队解体的问题。但创业团队成员既是新创企业的经营者又是所有者，他们时刻要面对因合作不顺或经营不善等导致团队解体的威胁。团队解体理应成为创业团队理论与实践研究的核心问题之一，但遗憾的是，到目前为止只有个别研究者粗略地谈及创业团队解体的原因。

实际上，创业团队解体远不是说散就散那么简单，因此，不但要探究团队解体的影响因素，而且还应该深入研究团队解体过程、解体方式选择及善后处理等问题。从创业视角来看，创业团队解体研究应该着重探讨创业团队合作破裂后的善后问题，如何在保护原有全体团队成员利益的前提下让有意愿接盘的成员更有效地施展创业能力和促进再生后的新企业继续成长。

大学生创业团队 Q&A

第一问：我要寻找什么样的伙伴？

1. 创业者的自我定位

当我们产生了创业的意愿和灵感之后，接下来就要着手为创业做准备，作为一名大学生，在这时多少会感觉迷茫。经营一家企业不是一件简单的事，由多人组成的团队能够更好地整合资源、集思广益、汇聚才能，这更有利于创业的成功。

在团队中，不是依赖于某一个人的力量，而是大家各司其职，通过团队的协同工作，让整个体系运转自如。在一个团队中，大家有不同的特点。大学生创业，最初的创始团队规模不会太大，有限的人手要完成一系列的工作，就要依照自身特点明确分工。那么，自己在团队中的定位到底是什么？这就需要我们明确地知道自身的能力优势和性格特点，根据能力和性格找到自己在团队中的角色定位。过低估计自己会使自己的才能被埋没，影响团队的运作效率；过高估计自己的能力可能发生"他能做到的事，我能做得更好"的类似事件，容易使团队成员间产生冲突。

在实际大学生创业过程中常常会出现这样的情况：某人拥有一项技术，想以此创业。他找到了一些合适的合作伙伴，形成了一个小型的创业团队。由于他的技术是整个创业团队赖以生存的关键，所以最初大家一致同意让他担任团队的领导者。但在创业的过程中，其他团队成员慢慢发现他一心钻研技术，对于团队的运营漠不关心，导致后期其他成员掌握了企业的实际控制和管理权限。而此时他仍担任团队的领导者，这不但导致了其他成员的不满，也让他觉得其他成员存在越级管理行为，团队成员间产生了嫌隙，最终导致创业的夭折。

这样的情况大多是团队中个人定位不准确、自我认定模糊导致的。作为一个创业者，首先要认清、认准自己，根据自己的特点，在团队中选择适合自己的角色定位，才能管理好公司。

2. 优秀合伙人的特质

在常见的大学生创业案例中，初始团队有着多名联合创始人，并且这些创始人的各项创业资源都处于比较匮乏的状态，即便如此，在这些联合创始人中，总有一个人是团队的中心，他往往也是创业项目的发起人和最初的组织者。他将他的创业想法与其他人分享后，得到了其他人的认同和支持，用他的行动鼓舞其他人加入他的团队，为整个创业项目共同努力。这个人是团队凝聚力的来源，他能说服、鼓舞他的合伙人，他就是初始团队的核心人员。

创业是一件需要激情和热情的事，初创企业的未来充满未知和各种风险，选择一个或几个合适的伙伴非常重要。既然在团队中每个人扮演着不同的角色，如果我是创业项目的发起人，自身具备一定的领导能力，作为团队的核心人员，当我认识到合伙人的选择对这个团队至关重要时，又该如何去寻找一个合格的合伙人呢？一个好的合伙人又应当具备哪些特质呢？

（1）一致的目标和价值观

合作中一致的目标当然是首要条件。合伙人首先要能够认同你的观点，或者通过与合伙人的讨论，能够得出一致的意见。共同的目标让团队具有凝聚力，相同的价值观则能让团队的沟通更加顺畅，有共同认识和追求的前提就是拥有相同或相近的价值观，价值观决定了是否合作、是否有共同的愿景、是否有高度的默契等。

1993年，俞敏洪创办了新东方培训学校，创业伊始，俞敏洪单枪匹马，仅有一个不足十平方米的漏风的办公室。培训学校普遍做不大是有原因的，即对个别讲师的过分倚重，而每个讲师都可以开一个公司，但是每个公司都做得不大。所以，俞敏洪需要找到更多的合作伙伴，帮他控制住英语培训各个环节的质量。而这样的人，不仅要有过硬的专业知识和能力，更要和俞敏洪本人有共同的办学理念。他首先想到的是远在美国的王强、在加拿大的徐小平等人，实际上这也是俞敏洪思考了很久所做的决定——这些人不仅符合业务扩展的要求，更重要的是这些人作为自己在北大时期的同学、好友，在思维上有着一定的共性，肯定比其他人能更好地理解并认同自己的办学理念，合作也会更坚固和长久。在俞敏洪的寻觅之旅上，他遇到了一个和他有着共同梦想的惺惺相惜的朋友——杜子华，杜子华像一个漂泊的游侠，研究生毕业后游历了美国、法国和加拿大，凭着对外语的透彻领悟和灵活运用，在国外结交了许多朋友，也得到了不少让人羡慕的机会。但是他在国外待的时间越久，接触的人越多，就越是感觉到民族素质提高的重要和迫切。要提高一个人、一个民族的素质唯有投资教育。这一思想与俞敏洪不谋而合。[①]

同时需要注意的是，企业的价值观不是相同的，是要与企业所处的行业情况相结合，如高科技企业要注重创新，物流行业要注重速度，餐饮行业要注意食品安全等。另外，企业的价值观可能会随着企业的发展而产生变化或变得更加丰富、具体，然而行业是决定企业价值观的重要因素，企业的核心价值观一般是不会发生变化的。因此，在进行伙伴选择时，要通过多次沟通，选择有共同价值观的合伙人。

价值观不同容易在合伙中产生南辕北辙的思想，从而影响整个团队，那么如何降低此类现象出现的风险、初步筛选价值观相似的合伙人呢？有学者将企业价值观分解为品德、态度、企业、行业四个方面，前两者更多与个人性格有关，后两者则与每个人对企业的理解有关。

（2）共同的经历

和你有共同经历的人，一定能够真正懂你、理解你，即便不是亲戚，甚至不是朋友，一个与你有共同经历的人也能在合作过程中产生默契。相同的经历让彼此产生更多的共鸣，有更多的共同语言，能够更好地理解彼此内心的想法。

（3）互补关系

在选择合伙人的时候，不能只考虑人与人之间的相似之处，选择同质化的人，只在乎默契程度而忽略了异质性的重要性。

---

① 根据以下网络公开资料整理：http://tv.cntv.cn/video/C16379/f1c368ecd58e4cf55c75d59b839c100d。

尺有所短，寸有所长，没有人是全能的，即便是能力很强的人，也有自身能力所不及的地方。团队合作，本身就是聚集有各种才能的人，为共同的目标努力的过程。作为一个创业项目的发起人，认识到自身的不足之处后，在选择合伙人的时候，要有意识地寻找能填补自己能力空缺的人才，比如一个擅长技术研发、可以制造出产品的创始人，要寻找一位管理能力强、沟通能力强、懂得运营和投资的合伙人。即便是大学生创业企业，企业规模较小，也应该"五脏俱全"才能存活下来，选择能力所长不同的合伙人，团队成员在各个不同环节发挥作用，又能互相依靠、缺一不可，也会让团队更有凝聚力。

这种互补不仅要体现在能力上，也要考虑性格上的互补，两个火爆脾气的人如果发生理念上的冲突和意见上的不一致，很容易就吵起来了，那么制定决策时容易产生不理性的判断。性格上互补的人，能够让冲突减少，合作更加轻松。

3. 适合我们的团队规模

大学生创业时往往面临资金、人脉等创业资源的缺乏，此时单独创业势单力薄，这样的处境促使大学生创业者开始寻觅自己的合伙人。然而人数的增加往往伴随着管理难度的提升和团队结构的松散程度增加，那么团队的规模多大才是合适的呢？

合伙人宜精不宜多。两人的团队可以互相扶持、互相激励，能够很快地发现合作中产生的问题，并通过及时的沟通解决问题，拥有共同信念、互相熟知的两人团队十分稳固。但两人团队的资源和能力必然有限，难免会出现力不从心的情况。

有人说因为三角形的物理结构最为稳固，所以在合作中，三个人可以互相制约、相互扶持，形成一个最为稳固的联盟。然而三个人的团队也有其弊端，比如容易形成两人的小团体，从而对另一个人进行孤立，两个人的意见一致，或是在背后达成一致想法后不考虑另一个人的建议，这样不但会影响整个团队的工作，更容易让团队成员分崩离析。

> 小刘最近很苦恼，他发现自己的其他两位合伙人的关系异常亲密。这导致自己陷入了一种被孤立的状态。在这个三人创始人团队中，小王是大股东，负责公司各类大事的管理；小吴是一名女性，分管公司财务事宜；而小刘则负责公司业务。最近小刘发现小吴存在越权管理的行为，并向小王反映，而这种时候，小王总会替小吴找借口搪塞过去，而对小吴的越权行为睁一只眼闭一只眼。

在发现了王、吴二人的亲密关系之后，小刘找到他们想要说清合伙事宜，然而两人却表现得十分不配合，这让小刘感到十分难过。在这之后的工作过程中，小刘越发觉得自己在决策方面十分被动，另外两人总是联合起来做有利于自己的事情。小刘发现他们三人的合伙关系已经不能回到最初公平的状态了，在经过一番思想斗争后，小刘最终退出了创业团队。

三人以上的团体亦会出现上述问题，并且人数的增加必然导致团队的复杂度增加，故在筹划团队规模时，要结合行业具体情况，也要建立在对合作伙伴了解和信任的基础上。

4. 什么样的伙伴要不得

（1）目标不同的人

作为一个创业项目的发起人，合作之初，大多数的伙伴是被你的创业激情吸引的，也许他们并不清楚自己究竟想得到什么，能不能坚持下去；有一些伙伴也许是看到了你项目中的商机，一时兴起选择与你合作。在这样的团队中，目标的不一致会导致这种创业激情迅速消退，最终导致团队人心各异，这样的合作伙伴是要不得的。

（2）缺乏信任的人

信任是相互的，一个能与你合伙的人首先要是一个你能够信得过的人。当然，对方需要你足够信任的同时，也要能信得过你。

小王和小高是发小儿，多年来，无论是生活还是工作都与对方在一起，关系十分亲密，对彼此非常了解，发现商机后决定共同创业，创业资金是两人工作的积蓄。一开始生意十分红火，但由于两人都缺乏必要的财务知识，也没有聘请专业的财务人员，所以导致账目混乱，又因为两人都比较年轻，花钱如流水，一些花掉的钱甚至没有记账。

积攒的混乱账目问题在一次月末交房租的时候爆发了，一直认为生意红火的两人发现竟然发现没有资金交房租了，而经过一番账目查询也没有发现问题所在，于是猜忌在小王和小高之间产生了，多年好友没有信任彼此，而是认为对方说了谎，最终因为钱的事，两人多年的交情荡然无存，创业之路也走到了尽头。

一个团队中相互猜忌往往是冲突的导火索，许多创业失败的案例都是由于信任不足，彼此的猜疑会让矛盾加剧、问题得不到解决，从而导致整个创业团队体系的崩塌。

（3）没有耐心的人

创业是一条艰难而漫长的道路，在这个过程中会不可避免地遇到许多问题和挑战，最初的创业激情最终会演化为信念和坚持。但很多半途而废的案例告诉我们，不是所有人都能熬过这段艰难的日子，遇到困难轻易放弃的人不在少数。

> 遇到小李，小张自认为找到了合适的合伙人，他会与自己一起讨论公司未来战略和项目的发展情况，也会与团队中的人共同商议用户群体验等细节。但是随着时间的推移，小李的问题开始显露，他渐渐失去了耐心，开始频繁追问关于融资的问题。但在小张看来，融资问题可以不必过早考虑，目前团队体系不够健全，业务体系也需要进一步完善。
>
> 更让小张没有想到的事情发生了，小李开始与团队其他成员讨论融资的事情，并且开始缺席公司的经营，在他的几番挑拨之下，公司成员陆续离开，最终创业项目没有能够进行下去。

首先要问问自己，是不是能够坚持下去，对这份事业的热情有多少，如果可以坚定地坚持下去，那么在选择合伙人的时候，也要让对方考虑清楚，创业虽然有冲动的因素，但要想创业之路走得长远，需要有足够的耐心，忍受挫折、忍受失败，摸爬滚打着前行。

5. 别让情义主宰你的团队

团队发展之初往往是亲人、朋友、同学间的合作，这样一来，在合作的过程中，情感往往会成为团队成员间的重要纽带，对日常工作产生一定影响。以感情作为纽带有其好处：其一，伙伴之间足够信任；其二，合伙人能够更多地理解你，站在你的角度为你着想；其三，伙伴之间的分歧更易沟通，不易发生冲突等。但如果情义主宰了团队，缺少了理性的判断，则会影响团队的运作。我们常常要考虑"人情""面子"，当团队内部成员之间熟悉程度比较高、之前的关系比较亲近时，更容易出现"情"大于"理"的问题。

> "糗事百科"创始人"黑衣大葛格"邀请合伙人"霜叶"加入团队时，口头承诺给"霜叶"18%的股份作为回报。当时的"糗事百科"只是一家小型的笑话网站，之后"霜叶"全身心投入网站的建

设中，出资购买了服务器。"糗事百科"网站由最初的创始人兼职经营网站转型为一个正式公司后，公司发展飞快，月收入 10 万元以上，整体估值在 3000 万元人民币。

期待着自己18%股份的"霜叶"没有想到，他连1%的股份都没有拿到，"黑衣大葛格"只给了他 2 万元的补偿款，这让他心灰意冷，又无可奈何，只因当初接受"黑衣大葛格"邀请时，看在网友的情分上，没有要求任何规范的合同条款，一切都不过是"口头"承诺。①

亲兄弟也要明算账，在合作的过程中，无论是多么熟悉的人，在决策时也要制定规范，做出明确的书面文件。在团队内部产生分歧时，容易以感性的态度考虑和解决问题，认为"应该给对方面子"或者"这次退让一步，当作还他的人情"。过多的感情因素主导了决策，左右整个团队的决定，显然是不可取的。所以，在寻找合作伙伴的时候，也要考虑清楚情感的因素，可以通过制定管理章程、签订协议的方式来避免此类事件的发生。

第二问：我该如何分配股权？

仅有一腔热血很难将创业进行下去，光有思想上的统一和信念的支持是不够的，在物质层面也需要给合伙人一定保障，而这种保障就是股权分配。

刘先生和几个老朋友一起在重庆开了一家建筑公司，生意一直顺风顺水，公司也越开越大，但是，公司的几位元老最近相继离开了公司，让刘先生十分郁闷。

究其原因，刘先生的公司对股权分配从来就没有明确的规定，每年的分红都是凭他一人任意决定，想给谁多少就给谁多少，这让其他合伙人十分不安。时间久了，大家都觉得自己辛苦的劳动没有得到合理的回报，越干越没有盼头，于是纷纷选择离开公司。

股权分配是一种学问，涉及合伙人的切身利益，影响到团队整体，那应当怎样合理分配股权，怎样用股权对合伙人进行激励呢？

---

① 根据以下网络公开资料整理：http://tech.qq.com/a/20111008/000208.htm。

1. 什么决定了股权占比

很多大学生创业企业在创业初期都选择了平均分配股权的方式，认为大家都是同学、是朋友，各自在团队中的工作强度相差不多，所以公司的股权大家平摊，谁也不当老大，大家同舟共济，有福同享有难同当。但现实中许多创业失败的案例都是由于这种平均股权的机制造成的。

平均分配股权看似形成了一种团队之中人人平等的和谐氛围，但其弊端会随着创业的进行逐渐显露，总有一些人做得比另一些人多，大家却拿着相同的薪水，这样一来不平衡的心态就产生了，做得多却拿钱少的这一个或这一批人有可能与他人产生冲突，甚至产生消极怠工的心态，有些人可能会离开团队另谋发展，久而久之创业必然半途而废。

决定股权占比的因素有很多，例如个人能力、投入的资金量、提供的技术支持等，在股权分配的过程中也应当突出创业团队的核心人物，有人说了算，有人能"管得住"其他成员，起到监督和管理的作用。

2. 动态股权分配机制

（1）什么是动态股权分配机制

上述的股权分配机制有其局限性，大学生创业的公司，规模小，所处的环境常常发生变化，而其内部结构也容易发生变化，几个同学、朋友间合作建立的公司，大家有钱出钱、有力出力，不容易界定谁的贡献最大，谁是团队的核心，一开始就决定各自的股权占比并不合理。

股权分配既要做到公平合理，又要能够体现每个人的价值所在。同时，股权既然与团队中成员的切身利益相关，那么在进行股权分配时就需要充分发挥它的激励作用，这里所说的激励机制，一般是指动态股权分配机制。

所谓动态股权分配机制，就是将分配股权这一行为向后推迟，不在最开始谈好各自的股权占比，而是等到公司有实质可观价值的时候，再进行分配。但需要注意的是，一开始不分配不代表最开始什么都不做，创业团队需要通过讨论，形成一个分配约定，达成一个共同遵守的契约。在这个约定中需要规定：公司规模达到多大时开始进行股权分配；股权分配是否分阶段进行，如公司规模达到多少时分 10% 的股权、达到下一层次时再分 20% 的股权等；每个人的贡献如何量化：投入了多少金钱、花费了多少时间、取得了什么成果等，要将这些具体活动转化为相应的指标，并且保证记录详尽可信，最后根据团队成员的具体贡献来进行股权分配。

（2）动态股权分配原则

动态股权分配应当遵循以下几个原则：

首先，动态股权分配协议内容必须得到创始团队所有人的认同。这个过程中需要全体创始人共同讨论，达成共识，制定出一套包含贡献度评价、工资水平等要素的细则。

其次，动态股权分配协议要根据企业发展的状况及时做出修正。在创立之初，创业团队对于所处行业状况和自身的企业定位往往不够清晰，判断容易产生偏差，尤其是对于还没有步入社会的大学生创业者来说，一开始就准确地制定好动态股权分配细则是很难的，实际经营中还可能会面临"股权回购"等情况。这就需要团队成员在企业发展过程中反复讨论，具体问题具体分析，共同修改股权分配协议中的不合理之处。

最后，动态股权分配协议一定是公开透明的。从最初这些规则如何制定、贡献值衡量的标准是什么、计算值的形成根据是什么，到最终股权依据什么来分配，所有的信息都要求做到公正、公开，最大限度地让每个人得到公平对待，将股权分配时发生冲突的可能性尽量降低。

（3）建立动态股权分配机制的主要步骤

①要在创始人团队中选出一名主持人，主导整个动态股权分配协议的制定。

②注册公司，确定初始股权结构。

③明确股权分配的各个环节：股权分配开始时公司规模的起始点、贡献值的计算标准等。

④加入回购机制和执行的细节，形成"契约"和"计算模型"。

⑤在经营期间保持贡献值的持续记录和定期公布。

⑥达到股权分配标准时，依据贡献值，将股权分配给创始团队成员。

3. 动态股权分配的操作细节

（1）初始股权分配

想要设立公司，必须要进行初始股权的分配。这里我们默认创始人团队在讨论后一致同意采用动态股权分配机制，那么最初的股权分配就显得没有那么重要了。

如果在注册公司前，创业工作还没有正式开展，只是进行了一些讨论、研究项目可行性等，那么通常选取按照投入资金比例分配股权的形式确定初始股权分配比；如果公司注册前已经进行了一系列准备工作，并且制定了相应的贡献值计算方式，就可以直接按照贡献值多少来分配初始股权。

（2）股权的转让

动态股权分配机制中的股权，是一种带有限制的股权，它会随着贡献值的变化而变化，所以对于股权的转让，一般可以制定以下几个转让制度：

①在创业阶段团队成员不得单独对外转让股权，创业阶段公司的整体系统结构不稳定，股权的转让也应当限制在将股权转让回公司，并且要制定具体回购章程，规定将这些转让回的股权按何种比例分配或者直接回收到未分配股权中。

②公司处于创始期未必有足够的资金回购股权时，经团队共同商议后，股东可以选择对外转让股权，在这时，根据公司法的规定，其他股东具有优先认购权。

③如果也没有公司中的其他股东购买这部分转让的股权，再考虑转让给其他第三方，而且此时其他股东具有随售权。

这种股权转让可能会在一定程度上降低团队的凝聚力，在制定股权转让决定时，股东需要慎重考虑。而这种股权转让的限制性总有一天要解除掉，这样才能让股东获得"纯粹"的股权，比如可以规定当公司规模达到一定目标时，股东的股权不再受动态股权分配机制的制约等。

第三问：团队中发生了冲突怎么办？

既然人人都是独立的个体，在团队合作中，产生各种不同的想法、形成冲突是在所难免的。在大学生创业过程中，团队成员的思想、理念都会发生变化，在从一个"学生"变成一个企业的经营者的过程中，团队中的冲突应该如何解决呢？

1. 贡献、能力和权利

在大学生创业过程中，总会有"好兄弟"变成"上下级"的一天，而一个团队中的伙伴也会从人人平等的战友，变为在一个公司中权利分工不同的"领导"和"下属"。每个人的回报是与等级和贡献挂钩的，而当有人认为自己的贡献、能力与权利和回报不对等时，冲突便产生了。

2012 年底，俞某在美国伊利诺依大学香槟分校的宿舍里写出了

"PM 吧"的原始代码。严某自纽约大学教育学专业毕业，辞去工作加入团队；正在北京大学读研究生的王某离开学校也加入团队，公司核心团队形成。"PM 吧"的团队配置中存在一个重大瑕疵，就是创始人不全职。俞某一边在美国念书一边编写"PM 吧"代码，属于兼职身份；而王某和严某全职，在国内负责"PM 吧"的产品运营和融资。一直以来，俞某都认为自己是"PM 吧"当仁不让的老大，持有公司最大的股权。但在融资的过程中，王某作为与投资人接触和谈判的主要人员，逐渐成为公司的一号人物。在工商登记注册资料中，"PM 吧"初始股权结构为：王某占65%，俞某占25%，严某占10%。而对于初始分配的股权占比，王某与俞某间一直存在争论，2014 年 5 月 17 日，俞某办理休学手续返回北京。2014 年 5 月 26 日，俞某和王某等人来到俞某的家乡合肥，找到俞某的父亲，再次协商股权问题，俞父让双方把股权约定付诸文字，但后续各方在报道中均未出示过类似的文件。

　　2014 年 6 月 16 日，"PM 吧"A 轮融资走到了最后一步，收到了多家投资机构给出的风险投资协议书。6 月 17 日晚，三位创始人在位于苏州街的公寓里开始讨论"PM 吧"的未来。一开始，小伙伴们还在讨论协议细则，但很快再次就股权和谁是老大的问题发生争执。在争执过程中，俞某说："你们还认不认其实我是现在这个项目的创始人，我在全面主导着这个项目？"严某回答："王某现在比你重要，将来王某也比你更重要。"

　　于是，俞某说："我不干了，你们自己玩吧。我爸说的没错，你们就是欺负我。"然后走出了谈判的房间。15 分钟后，俞某告诉其他两位合伙人，他做了几件激进的事情：删除了 Github（代码托管网站）上的全部代码，自己保留了一个副本；拟好了发给全体员工和投资人的邮件，要"说出真相"，并设定在一个半小时后自动发出，等等。在这一前提下，俞某提出了他的谈判条件：第一，要回美国完成学业；第二，要做 CEO；第三，要做大股东。

　　此后，双方谈判未果，王某和严某离开"PM 吧"团队，项目 A 轮融资失败，1 亿元人民币纸面财富蒸发。①

---

①　根据以下网络公开资料整理：http://www.sohu.com/a/114510469_422642。

每个人都觉得自己贡献大，都觉得自己应该得到更多的回报，由于这种问题引发的矛盾如果无法很好地解决，就会对公司整体产生严重影响。为了防止这种情况的出现，我们在选择合伙人的时候就应该先问自己两个问题：

第一，合伙人能帮助我什么？

第二，合伙人的贡献大小用什么来衡量？

合伙人的实际行动没有达到预期是产生这种问题的一个重要原因，因此在创业初期对自己的合伙人能力要有一定的判断，要清楚他能为公司带来什么，选择了合伙人之后要能够给予对方足够的信任。对于合伙人的贡献大小可以采用书面形式进行约定，并采用动态股权分配机制来限制股权、激励股东，也可以降低由于贡献和回报不对等产生冲突的概率。

2. 理念的冲突

理念不合是最要命的。大学生创业的企业，在刚刚成立时，大家对行业和公司运营都不熟悉，内心有无限激情和憧憬，这时往往容易达成目标的一致，而随着创业活动的进行，企业资本规模扩大、团队规模扩大，分歧也可能会产生。

在发生理念上的冲突时，最重要的是要保持冷静的态度，要清楚，大吵大闹是不能解决问题的，如果产生分歧的双方都比较激动，建议冷静一下再好好坐下来谈。但这里所说的"冷静一下再谈"绝不是放置不管，分歧要及时沟通，有问题要及时解决，越是逃避拖延，越容易产生大的问题。

在分歧双方进行沟通的过程中，要理性分析两方观点对于企业整体发展的利弊，可以在团队中选择一个中立的主持人，以客观态度来分析，也可以通过借助科学的统计方法和评估系统来进行判断。

再有，就是要"求同存异"，在公司发展过程中产生经营理念的分歧是在所难免的，大家都是为公司的整体利益着想，那么也不必做得太死板，确定大方向后，有些部分不妨进行适当的退让，企业所处环境是变化的，所以理念也可以是灵活的。

3. 人情与制度的冲突

大学生创业的初始团队合伙人之间的关系难免是从前关系就比较亲近的同学和朋友。情与理从来都不会单独存在，如何掌握其中的平衡，是一门学问也是一种艺术。

C 药业由周某和孙某携手创办，两位不仅是高中和大学同学，更曾是无话不谈的好友。而在企业度过了最初的艰难创业期，开始走向了逐渐向好发展的道路时，两位创始人之间的关系却出现了裂痕。

为了规范企业内部管理，孙某花了不少工夫，指导各职能部门，讨论制定了很多的规章制度。他自己认为，既然在制定的时候大家都没有异议，平时就应该一律照章办事，违反了规章制度就应该照章处理，所以在实际工作中他也是这么做的。但周某却认为规章制度是一种管理手段而已，有特殊情况就可以而且应该酌情处理，所以在实际工作中，常常以属于特殊情况为由，不按规章制度处理，导致下面的人一违反规章制度就找周某说情。在这方面，孙某跟周某在具体事情处理上发生过几次争执，不过在大家面前，孙某也没有说过什么，因为尽管这对企业推行制度化管理造成了一定的障碍，使企业制度的执行情况比较差，但不管怎样，周某对关系到企业利益的事情还是能够坚持原则的。既然大家都是股东，也就不可能什么事都按自己的想法做，只要没有损害公司的利益，也就只好睁一只眼闭一只眼。

在管理的时候，两位合伙人没有达成共识，面对周某违反规定的行为，他选择了放任和纵容，表面上是给了对方面子，但内心却对周某的行为产生了不满，而这也间接导致了两人关系的破裂。

上述案例中所讲的两位创业者之间由于是多年的好友，为了照顾对方的面子，对对方破坏制度的行为放任不管，经年累月的不满导致了团队的分裂。除此之外，在团队中人情与制度发生冲突的案例并不在少数。

在合伙人的选择和企业的管理中，任人唯亲绝对是不可行的，如果在选拔人才的时候过多重视和帮扶亲戚、好友，而这些亲友又因为有"靠山"而在企业中显得十分优越，就会严重伤害其他员工的归属感，并且容易产生滥用职权、以权谋私的风险。更有甚者，这些员工可能会仰仗与股东的"关系"，对其他员工指手画脚，插手其他事务，这样很容易在员工中引起不满。最终，随着公司规模的一步步扩大，这种风险会滚雪球般越来越大，最终影响到公司的整体利益。

在合伙工作的过程中，情义要排在制度后面，原则要明确、职权要分明，在规章制度面前人人平等，必须用规章制度去约束行为。不要在最开始有"兄弟之间谈钱太伤感情"这样的想法，因为钱兄弟反目的例子比比皆是，为了避免这种事情的发生，最好的做法就是防患于未然，在创业开始时就通过协议制定好合伙规则。

以上所说不代表在企业经营过程中就是冷血无情的，人类社会如果缺乏情感，与机器又有什么区别呢？如何平衡情与理的关系，还需要个人长期的实践摸索。

第四问：哪些措施能确保团队有效运营？

1. 商业机密的保护

当大学生创业团队已经组建，去众筹平台融资，在平台上公布商业计划书、创意方案时却被剽窃，假如对方资金充足，很可能会捷足先登；当你的团队有一个好的商业创意，苦于缺乏技术难以独立做出专利而寻求他人合作时，却发现对方在回绝你的同时又私自在你创意的基础上进行技术开发；当你参加创新与创业大赛、当你进行项目咨询时，也可能会遭遇商业机密被他人利用的问题。遇到这些问题，我们该如何保护商业机密呢？

（1）分辨和了解投资人

首先，即便无法要求投资人签署保密协议，创业者也需要分辨和了解投资人，投资圈鱼龙混杂，专业的投资机构可能因为更在意自己的声誉而防范商业秘密的披露，通过共同朋友介绍的投资人披露商业秘密的概率可能更小。

最需要注意的情形是，投资人已经投资了类似项目或者同行竞争者。创业者可能不愿意将战略、模式、数据等敏感信息提供给"友商"，那么此时创业者就应当更加谨慎，不要过早或轻易地披露敏感的信息。讲究信誉的专业投资人在了解到你的业务可能与已经投过的项目存在竞争时，有可能就会提醒你这种竞争关系，让创业者自己选择是否披露保密信息以及披露的范围。

当然，创业者不能依赖于投资人的"高尚"。如果投资人在与你沟通的过程中，大谈特谈前几天面谈的另外一个项目的"商业秘密"，那你就要警觉不要太多披露自己项目的"商业秘密"。况且，在当今的信息时代，了解投资方声誉及其所投项目信息已经不是一件难事了，如果创业者在披露保密信息之前，自己根本没有调研过投资人，没有做好自己的"家庭作业"，那也只能怪自己了。

（2）披露信息的技巧

在融资过程中，创业者披露项目信息的原则应该是：分享饼干而不是制作饼干的秘方。向投资人介绍产品和市场潜力，就如同向消费者或用户介绍产品和市场，但是当问到如何做的"秘方"时，创业者就应当更加谨慎，尽可能避免披露具有价值的技术信息。即便是为了充分展示而必须披露的情形，创始人也可以控制披露节奏，在早期时候尽量粗线条，随着磋商的深入，再根据情况决定披露的深度和范围。

另外一个非常值得警惕的是项目信息的传播。创业者通过电子和网络等方式分享公司信息的时候，一定要意识到当今信息传播的广泛程度，转发只需要几秒钟即可完成，必须确定能够被转发的内容里没有重要的保密信息。

（3）签订竞业禁止协议

2013 年 3 月，S 文学以侯某为代表的管理层和以吴某为代表的创始团队因观念冲突无法调节，最终导致以吴某为代表的 Q 中文网创始团队集体离职。接下来就有媒体披露，创始团队已获得腾讯投资，成立了腾讯读书旗下的另一文学网站——C 中文网。

C 中文网的主要筹建人罗某则是此次离职的 Q 中文网前任副总经理以及版权中心前负责人。

随后，罗某以涉嫌倒卖、贩卖作者版权到自己名下的一家空壳公司的罪名，被警方拘留审查，原来，罗某等人在离职前已经与 S 文学签下至少一年的竞业禁止协议，所以在 C 中文网刚刚成立时，就马上受到了 S 文学的起诉。[①]

竞业禁止协议又称"同行竞业条款"或"竞业条款"，为雇主与受雇的员工之间所订的一种劳动契约，其内容通常规定：劳动契约终止后的一段特定期间之内，受雇者不得在相同产业中从事竞争行为，以保障先前雇主之权益。

在创业团队建立之初就应当签订竞业禁止协议，毕竟你无法知道成功和散伙到底哪一个先来。

2. 考核与激励

（1）创业团队的绩效考核

首先，在进行绩效考核之前我们应该明白什么是绩效考核，为什么要做绩效考核，以及绩效考核所不能解决的问题。绩效考核是为了评估工作结果，先有工作然后有结果，继而将绩效考核结果再应用到工作中以提升工作效率。创

---

① 根据以下网络公开资料整理：http://it.chinanews.com/it/2013/05 - 31/4877835.shtml。

业团队要明白绩效考核是解决不了业务规划、管理沟通问题的，遇到这种问题进行绩效考核是浪费时间。那创业团队什么时候进行绩效考核呢？绩效考核是一项工作，完成它需要投入部分管理资源，在管理资源没有那么富余、管理也没有那么复杂的情况下，笔者个人认为没必要进行绩效考核，这样做毕竟损失管理效率，而管理效率永远是第一位的。如果公司里就那么几个人，大家都了解彼此的工作状态、产出情况，那为什么要搞绩效考核呢？如果公司团队间存在一些不透明的水平沟通，或者管理人员已经顾不过来自己的团队（比如管理幅度超过了常见的 7 或者 10），那可以考虑做一些简单绩效指标追踪，但首要目的是提高管理效率。在人数更多或者员工的工作存在一定复杂度的情况下，就可以全面考虑应用绩效考核。

创业团队的绩效考核要如何设计？每一种绩效考核方法都有自己的特点，应结合创业团队的业务特点选择适合的方式，而没有一定之规。适合别的公司的绩效考核办法，不一定适合自己的公司，设计绩效考核方式的时候，一定要根据自己团队的特点，结合实际业务情况，指标要接地气，结果要能运用。设计绩效考核体系，需要特别考虑指标设计的合理性问题。绩效考核具有滞后性，谁都不能保证设计者一开始写在纸上的指标就是符合目前业务情况的，更难确保这些指标一定会符合未来的业务情况。

那么具体在创业的生命周期中，创业团队应该如何进行绩效考核呢？

①初期相对粗放。建立合适的绩效考核方案首先要将创业管理团队和普通员工团队区分开来。和创业管理团队相关的绩效管理应该更偏向于一种"企业家的契约精神"，因为创业团队在实实在在地投入后，公司在市场中得到的回报，就是创业管理团队最大的绩效考核结果。对于他们来说，这种工作动力是主动且发自内心的。而对于创业公司里的普通员工来说，绩效管理更多是作为一种工具存在，是对他们工作结果的客观检验，也是同事间工作优劣相对公平的衡量方法，即关系到员工相对报酬的比较。

②中期重点关注目标。有一种创业者的观点认为，绩效管理可以对公司的经营绩效带来"帮助"，因此，绩效的好坏成为评价一个团队好坏的标准，而实际上，这种绩效考核的方式是一柄"双刃剑"。作为团队管理人员，应该更多地关注绩效考核管理的目标与过程。这样的考核方式能够更好地激励团队成员，而不是一味地施加压力。

③成熟期重视细分。当企业较为成熟时，企业拥有了分布在不同行业的高端客户和大客户，这意味着创业团队需要从创业初期粗放型的整体团队管理，转为针对服务不同客户的不同规模团队进行细分管理。相应地，管理层的绩效

评估也应转变，由初期按部门划分、只看任务与是否完成式的评估方式，改为将部门工作目标、预判、完成过程与结果一起纳入绩效考核的方式。

创业企业可以考虑采用国际上流行的 360 度评估法，这种方法适用于对中层以上的人员进行考核，是一种由员工自己、上司、直接部属、同仁同事甚至顾客等从全方位、各个角度来评估人员的方法。评估内容可以包括沟通技巧、人际关系、领导能力、行政能力等。360 度评估法的反馈图如图 2-1 所示。

通过这种方法，被评估者不仅可以从自己、上司、部属、同事甚至顾客处获得多种角度的反馈，也可以通过这些不同的反馈清楚地知道自己的不足、长处与发展需求。

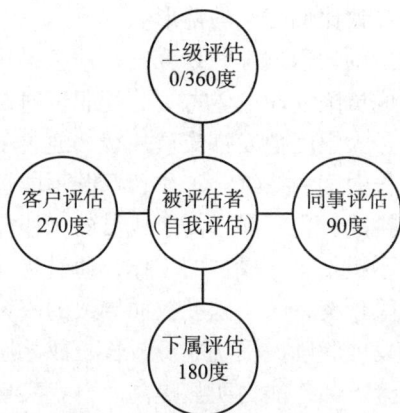

图 2-1　360 度绩效考核反馈图

（2）创业团队的激励

激励机制是指在组织内部通过制定和执行某些政策、制度、法规以及采取某些措施，对组织和个人产生激发干劲、规范行为、引导方向等作用，是调节组织运行、调动人的积极性的重要手段，是企业与其员工之间相互作用的方式。团队激励机制通过促进成员技能的发挥、敬业精神的培养、进取意识的激发，激发团队成员的积极性、归属感，推动团队长久竞争力的形成。大学生创业团队激励，仅用单一策略会陷入"头疼医头、脚疼医脚"的局面，只有着眼于多维视角才能实现最大效能。因此，必须根据团队运行实际，系统、科学地设计适合于该类团队的激励机制，才能实现激励目标。

①以股权分配为主的经济激励。团队薪金激励方案应统筹个体和团队两个层次的奖励，在团队任务完成后，以二级团队的整体绩效考核结果作为薪酬划

拨依据，再根据二级团队成员的工作业绩、贡献、分工不同开展团队薪酬的二次分配。大学生创业团队经济基础相对薄弱，发展质量往往也低于其他成熟企业，所以较短时期内不可能达到上市公司的标准，难以在面向社会大众的融资平台上市，照搬上市公司股权模式并不适合于该类团队。因此，可以采用"名义"股权的方式，团队成员只有在团队服务一定期限后才能得到一定数量的名义股份。将股权激励与成员利益捆绑在一起，有利于吸引、留住人才，提高团队稳定性。开展经济激励时，要坚持系统性、阶段性、灵活性原则。兼顾团队的组织战略、文化、机构与经济激励的相互作用与要求。依据团队处于创业期、成长期、成熟期、衰退期等不同时期特点开展有效激励。留置一定的薪金作为竞业禁止、提前跳槽的保证金，留置一定比例的股票以解决成员因贡献不同、身份变化、流动等导致比例变动的情形。

②授权合理的工作激励。通过准确划分工作角色、巧妙设计工作内容、科学使用管理技巧，避免成员陷入职业倦怠。分配职位时，应充分考虑团队成员性格、特长、专业等，最大限度地发挥成员才智。通过工作扩大化、工作轮换和工作丰富化，确保工作激励的持续，工作目标既不能远低于职工的工作能力而致使成员感觉工作无挑战，也不能远高于成员的工作能力而使成员在工作中一直遇挫。用人不疑，不粗暴干涉成员的工作，通过指导、培训、引领，提高被授权者能力，制定风险预案，防止因授权而导致的决策损失。

③以成才为特点的发展激励。围绕成员成长、成才愿望，将激励目标聚焦在成员职业目标规划明确、工作能力明显提高、自我实现愿望得到满足上来。

引领成员在团队目标的基础上，根据个人、行业、岗位等特点，形成适合自身的最优权威、难度适中、计划合理的目标。以培训方式传递诚信、奋斗等优秀品质，以轮流岗位和交叉培训，促进团队知识共享。以评优评先口头表扬、经验宣传等开展荣誉激励，以提升职级、降级职级、工作调动等开展职位激励。

本章习题

1. 你认为创业团队的定义是什么，大学生创业团队有什么特点？
2. 你认为一个好的创业合作伙伴应该有怎样的特质？
3. 结合自己的实际情况，设想自己已拥有创业团队并决定开始创业，谈谈你想如何分配股权？为什么？

4. 在合作伙伴间发生冲突时，你会如何解决？

参 考 文 献

[1] 李荡、郑炳章、赵磊：《大学生创业能力培养的途径研究》，载《中小企业管理与科技》（上旬刊）2009 年第 2 期。

[2] 赵堤：《大学生创业团队运行机理研究》，载《创业经济》2007 年第 7 期。

[3] 张承龙：《在校大学生创业团队建设研究》，载《经营管理者》2008 年第 16 期。

[4] 卢俊义、程刚：《创业团队内认知冲突、合作行为与公司绩效关系的实证研究》，载《科学学与科学技术管理》2009 年第 5 期。

[5] 杜俊德：《论创业团队的规范化管理》，载《科技向导》2011 年第 2 期。

[6] 侯德伟：《高校开展大学生创业教育的协同机制探析》，载《学校党建与思想教育》2016 年第 2 期。

[7] 王丽华：《团队学习行为的理论分析》，载《管理视角》2006 年第 19 期。

[8] 李潇伊：《创业团队知识共享风险及其管理》，载《经济研究导刊》2018 年第 16 期。

[9] 徐建生、张志、吴保群、秦襄培：《团队凝聚力的构成要素及形成过程》，载《武汉工程大学学报》2009 年第 4 期。

[10] 刘一寒：《团队是设计出来的》，江苏文艺出版社 2015 年版。

第3章

商业模式：让我的创业机会脚踏实地

大学生在认识了创业本身、组建了团队后，下一步需要寻找一个合适的创业机会并设计商业模式。创业机会和商业模式是创业的基石，对于创业成败至关重要。在这一章中，我们将从理论角度引导大家进行创业机会的选择和评价。同时，在实践层面，提供创业机会测试指标、商业模式画布工具。希望通过本章的讨论，为大家能够发现并把握住当下的创业机会提供帮助。

理　论　篇

3.1　创业机会是什么

3.1.1　创业机会的定义

机会是未明确的市场需求或未充分使用的资源或能力。创业者是指活跃在企业创立和成长阶段的企业指导者、经营者、管理者，或者是创业活动的推动者。创业者创业的目的在于取得商业上的成功，创业的过程是创业者个人价值实现的过程。众多创业者的创业经历说明识别和运用创业机会非常重要，要成功创业首先要有一个好的创业机会。

1982 年，胡玮炜出生于浙江东阳一个父母均经商的家庭里，受父母影响，她有一颗"不安分"的心。在中学期间，她就想做一名记者。于是，2004 年她从浙江大学城市学院新闻系毕业后，就在

《每日经济新闻》做了汽车记者的工作，后来跳槽到《商业价值》和极客公园做汽车相关领域的科技报道。在做记者的十年时间里，胡玮玮每天都会和同事讨论很多关于未来的、可穿戴设备的以及智能科技的选题，而每次讨论她都能带领大家打开新视野，产生更多新想法，这让她本就"不安分"的心变得更加躁动。

一次偶然的机会，胡玮玮参加了美国拉斯维加斯的一个消费类电子展。展会上介绍的关于未来的交通出行的内容引起了她极大的兴趣，她意识到未来出行行业将会发生很大的变化。胡玮玮在与行业里的先锋派讨论的过程中，很多人都表示个人交通工具会回归到电动车、自行车等初始代步工具。

有一天，她在跟一些工业设计师和天使投资人聊天的时候，蔚来汽车的董事长李斌问："有没有想过做共享单车呢？用手机扫描开锁的那种。"听到这句话，胡玮玮有一种立刻被击中了的感觉。尽管有很多的反对声，但胡玮玮没有被吓倒，反而更加坚定了自己的决心。2015 年 1 月，摩拜单车正式成立。①

柯兹纳（Kirzner，1979）认为创业机会基于一系列的市场不完全。因为市场参与者是基于信念、偏好、直觉以及准确或不准确的信息来进行决策的，他们对可能的市场出清的价格以及将来可能产生的新的市场有不同的推断。正如卡森（Casson，1996）所指出的："市场过程的实质是每个个体都坚持自己的信念，这些信念通过询价来传递，而询价在传递信息的同时，也意在误导他人。"因此，由于缺乏完全信息，人们必须猜测对方的信念、偏好、价值观等。由于这些猜测并不总是正确，这一市场过程就导致一些资源被错误地分配到不同的市场，从而产生了一系列的创业机会。

熊彼特（Schumpeter，1934）指出，创业机会提供了这样一种可能：通过创造性地分配、利用资源，从而满足市场的需要、创造价值。由于技术、社会以及其他因素的各种变化，市场时刻处在不稳定、不平衡的状态，为人们发现新的盈利机会提供了可能。以互联网为例，互联网最初只是使沟通更加方便，现在已经变为各大企业提供产品和服务的重要平台，它提供了分销渠道、产生了新的资源供给，同时使新的组织形式的出现成为可能。

有些学者认为创业机会是一种新的"目的—手段"关系，它能为经济活

---

① 根据以下网络公开资料整理：https：//www.digitaling.com/articles/33604.html。

动引入新产品、新服务、新原材料、新市场或新组织方式。其中"目的"是计划服务的市场或需要满足的需求，表现为最终的产品或服务，"手段"是服务市场或满足需求的方式，表现为用来提供最终产品或服务的价值创造活动的流程和体系。

结合以上观点，本书认为创业机会可以界定为一种满足未被满足的有效需求的可能性，这种需求有可能暂时得到部分满足，还有待于激发和再组织，这种有效需要还必须具有盈利的潜力。因此，这个需求具备以下要素：一是满足这个需求的成本低于人们愿意为满足需求提供的价格；二是需求水平本身要足够高，这样为满足这个需求的努力才有可能得到合理的回报。换言之，创业机会有其市场定位，有其价值脉络与竞争市场；机会必须经受得住市场的考验，才能有持续的利益潜能。创业机会与商业机会的根本区别在于利润或价值创造潜力的差异，创业机会具有创造超额经济利润的潜力，而其他商业机会只可能改善现有的利润水平。

3.1.2 创业机会的特点

创业机会具有可利用性、永恒性和适时性等特点。可利用性是指机会对创业者具有价值，创业者可以利用它为他人和自己谋取利益，体现在为购买者和最终使用者创造和增加价值的产品或服务以及赚取利润上。机会的永恒性是指机会一直存在，重点在于能否被发现和识别。变化的环境、信息不对称、市场空白等，都孕育着无限的商机。适时性指一个机会转瞬即逝，如果不及时抓住，可能就永远错过了。因此，及时地发现、识别和抓住有价值的创业机会，是成功创业的第一步。

3.2 创业机会从哪儿来

企业家从事创业的过程中，创新是其创造财富的有力工具，也是展现企业家精神的特定工具，创新赋予了资源一种新的可能：创造出更大的价值。德鲁克（Druker）认为，"能使现有资源的财富生产潜力发生改变的任何事物都足以构成创新"。他进一步指出，创业机会有七个来源，前四个机会来源于内部：一是出乎意料的情况，包括意外成功、意外失败、意外事件等；二是实际状况与预期状况之间的不一致或者与原本应有的状况不一致；三是以程序需要为基础的创新；四是产业结构和市场结构的改变，出其不意地降临到每个人身上。另外三个创业机会来源于外部的变化：一是人口的变化；二是认知、情绪和意义的改变；三是科学及非科学的新知识。这几个来源按照可测性和可预知性的递减顺序排列。蒂蒙斯（Timmons）认为，创业机会主要来自于改变、混乱或是不连续的状况，主要有七个来源：一是法规的改变；二是技术的快速变革；三是价值链重组；四是技术创新；五是现有管理者或投资人管理不善；六是战略型企业家；七是市场领导者短视，忽视下一波客户需要。

我国学者也对创业机会的来源进行了探索。刘常勇指出，创业机会的来源有四个：其一是现有产品和服务的设计改良；其二是追随新潮流，如大数据与人工智能；其三是时机合适；其四是通过系统研究来发现机会。冯婉玲等根据来源不同将创业机会分为技术机会、市场机会和政策机会三类。

结合以上学者对创业机会来源的观点，大学生的创业机会主要来源于现实中存在的问题、未来的发展趋势和意外事件，根据来源，创业机会被分为问题型机会、趋势型机会、意外型机会和组合型机会。其中，组合型机会是将现有的两项以上的技术、产品、服务等因素组合起来，以实现新的用途和价值而获得的创业机会。我们来看看其他三类机会。

3.2.1　问题型创业机会

当这个出生于 1990 年、长着娃娃脸的男孩王宁站着你面前还带着羞涩的笑容的时候，你很难想象，以前他曾经胖到 90 公斤。2013年，读大学四年级的王宁开始了减肥，单纯的跑步不能带来明显的减肥效果，而作为一名正在实习的学生，也没有多余的钱去请教练，王宁就自己搜索各种健身的知识和各种减肥方案，对着视频网站上的健身视频练习，半年后，他瘦了 10 公斤。在减肥成功之后，身边人一遍遍问："是怎么瘦下来的？"王宁就一遍遍把那些他用到的链接发给他们。身边人又有新问题："这么多链接，先练哪个？后练哪个？前一个月怎么练？后一个月怎么练？要不然你直接做个 APP，把这些视频全放到里面排列好顺序？"

朋友的话算是王宁创业的起点，在漫长而痛苦的减肥过程中，并没有一款产品能够帮助王宁解决自己的困惑。既然苦等这么久还没有人出来做这件事，只能自己上了。于是终于减肥成功的他，决定用自己的经验和能力去解救其他正在痛苦的小伙伴们。

他与后来的合伙人在 QQ 上聊天发现，跑步确实是适合大众化的健身需求之一，但其实那种家庭徒手训练的需求量应该也不小，跑步反而有门槛，你要穿好鞋和衣服，出了汗好冲澡。在家训练好像门槛更低，"那就把这些视频整合起来，做一个结构化的东西。"那天晚上的这个建议，成为王宁的创业项目 Keep 的产品雏形。①

王宁通过自己学习各种减肥方法和健身知识，成功减掉 10 公斤，这使得身边的同学、朋友纷纷向他请教经验，在他把自己用到的运动视频的链接发给别人后，遇到了一个问题：该如何使用这些链接里的健身视频？一个人接一个人地解释不仅麻烦，还不容易使别人理解，一段时间之后他们又会对这些视频的使用顺序产生困惑。朋友的一句话启发了王宁，在与合伙人讨论后，针对大家对健身的困惑，王宁以呈现结构化的运动视频作为自己创业的起点，这种创业机会属于问题型机会，目的是解决现实中存在的问题。

3.2.2　趋势型创业机会

1998 年，伏彩瑞从连云港考上了上海理工大学外语学院。虽然是英语专业学生，但伏彩瑞对计算机却有浓厚的兴趣。大二的时候，伏彩瑞借了 4000 块钱买了自己生平第一台电脑，并很快就学会了网站设计，看到同学们都在用电脑上网聊天、打游戏，伏彩瑞想，电脑除了娱乐应该还能做点儿更有意义的事。在互联网发展的浪潮下，他想到可以创办一个外语学习公益论坛"沪江语林"。这个论坛最初的服务对象是本院的学生，提供外语学习资料的下载和在线交流等功能。

由于是免费论坛，加之中国的外语热一直持续升温，"沪江语林"很快在全国具有了一定的影响力，网站的注册用户数迅速增长。伏彩瑞本科毕业后，继续攻读语言学硕士研究生。在读研期间，伏彩瑞以兼职赚取的收入继续维持"沪江语林"的运作。

2003 年，"沪江语林"正式更名为"沪江网"。2005 年，伏彩瑞顺利地拿到了语言学硕士学位，也就是这一年，"沪江网"的注册用

---

① 根据以下网络公开资料整理：http://www.sohu.com/a/114392579_479785。

户超过 20 万，而且还在不断增加。5 年的网站运营使伏彩瑞对"沪江网"有着割舍不去的感情。而且，伏彩瑞还发现，维护这个网站，不仅可以作为爱好，更可以作为事业来做。于是，伏彩瑞在拿到硕士学位证的当天，就与 7 位志趣相投的年轻人一起，怀揣从同学那里东拼西凑来的 8 万元人民币，踏上了创业之路。①

在同学们用电脑打游戏、看视频的时候，伏彩瑞创办了一个英语学习论坛，方便同学们进行信息和学习资料的共享，在互联网发展的浪潮下，"沪江语林"变成了"沪江网"，用户人数越来越多，伏彩瑞在变化中看到了未来的发展方向，于是硕士毕业之后毅然决然地进行创业，把这个网站当成自己的事业来做，这样一种基于未来发展潜力的机会即趋势型机会。

3.2.3　意外型创业机会

可口可乐的发明来源于一位医生，一次，他给一位病人看病，开了一瓶药水，让病人回家后服用，结果，当他晚上准备休息时，忽然那个人又来了，而且很高兴，将自己的大桶递到医生面前，要求装满满一桶的药水，且和上次一模一样，医生稀里糊涂地照做了。第二天，他带着一帮子人来到这里，纷纷递上了各自的杯子和水桶，抢着买药水。医生很奇怪，便问他们为何天天来买药，难道是家家都有病人？人们举着大拇指夸赞这里的药水很好喝。医生一头雾水："没有生病，为何天天买药？难道这药水既可以治病，还是可口的饮料？"于是，他大胆地开了一家"药水"制造厂，因为这药水很好喝，人们喝了都无比愉快，他决定把它称为"可口可乐"，这位不知名的医生后来令这种"药水"风靡世界。②

医生开的药水意外地受到病人们的欢迎，他们每天争着抢着买"药水"，在经历了一番疑惑之后，医生将这种"药水"打造成了可口的饮料，推广到全世界。这种由意外成功的事件引发的机会称为意外型创业机会。

---

① 根据以下网络公开资料整理：https://jp. hjenglish. com/new/p158343/。

② 根据以下网络公开资料整理：http://news. ifeng. com/gundong/detail_2011_12/06/11132439_0. shtml。

3.3 你能抓住机会吗

3.3.1 创业机会识别

机会识别是创业者与外部环境互动的过程，在这个过程中，创业者利用各种渠道和各种方式掌握并获取有关环境变化的信息，从而发现现实世界中在产品、服务、技术和组织方式等方面存在的差距或缺陷，找出改进或创造"目的—手段"关系的可能性，最终识别出可能带来新产品、新服务、新技术和新组织方式的创业机会。

获取他人难以接触到的有价值信息与具备优越的信息处理能力共同构成创业者发现创业机会的前提条件。在社会网络中处于更佳位置和具有创业警觉的个体更容易获取价值信息，完善的智力结构、乐观的心态和敏锐的洞察力帮助个体高效地处理信息。蓝宙电子的创始人王江就是很好的例子。

蓝宙电子是一家从事智能硬件业务的科技型创业企业。一只遥控器加一个电动小车，便是王江的童年。少时的王江总是想，要是我能设计制造自己的小车该多好。长大后的王江在高考填报志愿时毫不犹豫地选择了湖北汽车工业学院，大学里的王江是同学们口中的"车痴"，在大四那年的全国大学生智能车比赛中，王江带队为学院勇夺一等奖，之后，学院邀请王江回校给师弟师妹们做个交流讲座，讲座开讲时座无虚席，散场时同学们也是围了王江一圈又一圈，向"车王"请教智能车设计的问题。有个同学提问道："学长之前是用哪个牌子的智能车配件啊，能推荐下吗？我买的一些配件性能很不稳定，上次比赛的时候传感器突然失灵，把我坑惨了！"这一问题引起了很多同学的共鸣，另一同学接话道："是啊，市面上智能车配件虽然多，但质量都没啥保障，挑花了眼都不一定能挑到好的，学长是怎么办的呢？"王江想了一会儿，答道："市面上配件厂商大多是一家仿一家，拼价格而不注重质量，所以最好的办法还是买到配件后自己再花工夫重新改造。"

热闹的讲座很快结束了，王江很快陷入沉思。同学们所反映的多为智能车配件的选购与改造问题，这些问题自己在大学设计智能车时其实也经历过。智能车配件确实存在质量参差不齐、服务跟不上的问题，自己当年也是一个部件、一个部件地改造重组，才有了后来智能车稳定出色的赛场表现。"这是不是一个好的创业机会呢？从擅长的智能车配件做起？"创业的念头从脑海中闪过，王江心中的"猛虎"开始跃跃欲试了。[①]

3.3.2　创业机会识别的影响因素

创业机会的识别受到多种因素的影响，既有创业者个体的因素，也有环境的因素，具体而言，个体因素包括先验知识、创业警觉性、学习、认知、创业经验、人力资本、性别等，环境因素主要是机会类型。

1. 先验知识

先验知识指的是个体所拥有的与众不同的信息，可能是工作经验、专业技能或其他手段的结果，文卡塔拉曼（Venkataraman，1997）称之为知识走廊。先验知识和认知特点决定了一些人能发现别人发现不了的机会。

先验知识可以分为个人爱好领域的先验知识和行业经验领域的先验知识。行业领域的先验知识包括关于市场的先验知识、关于进入市场方式的先验知识、关于顾客需求的先验知识。先验知识的异质性使得即使面对同样一个技术变革，不同的创业者发现的机会也各不相同，并且先验知识也会在外来的动机（如财务报酬）与机会识别之间起调节作用。

2. 创业警觉性

创业警觉性是当机会存在时创业者能识别机会的一种能力，它与机会识别正相关。创业者的社会网络、先验知识和个性特质共同决定创业警觉性。首先，社会网络的存在及资源大大增加了机会识别的成功率。其次，创业者的个人爱好领域和从事的行业领域如果能够交叉将增加机会识别的可能性。行业经

---

① 根据以下网络公开资料整理：http：//www. landzo. com. cn/about_17. html；http：//www. wuhunews. cn/wuhu/yaowen/2016 - 03 - 25/902463. html。

验领域中的关于市场的先验知识、关于进入市场方式的先验知识、关于顾客需求的先验知识与成功识别机会正相关。最后，创业者具备与自我效能相关的乐观和创造性的个性特质将增加其创业警觉性。

3. 学习

学习是一个创造知识的社会过程，这个过程的核心就是获得并转换经验。不仅静态的知识不对称影响机会识别，而且动态的学习不对称也会影响机会识别。学习不对称是指个体获得和转换经验的方式不同，即学习方式不同。

卡普金和利希滕斯坦（Lumpkin and Lichtenstein，2005）认为，创业者或创业企业对组织学习实践的重视可以增加一个企业识别机会的可能性。具体而言，他把组织学习分为行为学习、认知学习和行动学习三种模式，把机会识别过程划分为发现阶段（包括准备、孵化、洞悉）和形成阶段（包括评估和详述）两个阶段。他们提出创业企业对认知学习越投入，则在机会识别过程中的发现阶段越有效率；创业企业对行为学习越投入，则在机会识别过程中的形成阶段越有效率。而行动学习创造了支持机会识别过程中的发现和形成阶段的开放式情境，对这两个阶段的效率都有促进作用。考比特（Corbett，2005）认为，在机会识别的不同阶段有不同的学习模式与之相匹配。具体来说，收敛式学习最适合机会识别与开发的准备阶段，同化式学习最适合机会识别与开发的孵化阶段，离散式学习最适合机会识别与开发的评估阶段，适应式学习最适合机会识别与开发的详述阶段。

4. 认知因素

认知视角的机会识别研究认为，信息和处理信息的认知能力都是机会识别所必需的（Mitchell et al.，2002，2007）。一些人比另一些人更可能发现机会是因为他们拥有其他人所缺乏的信息（Shane，2003）。由于个体收集和处理信息的方式不同，在认知图式、认知机制、认知结构等方面存在区别，不同的人将发现不同的机会（Sarasvathy et al.，1998；张爱丽，2009）。

盖格里奥（Gaglio，2004）指出，脑力模拟和反事实思维这两种认知启发方式将引导创业者的推理过程，驱动创业机会识别过程。具体而言，当遇到意外事件时，机会发现者比那些没发现机会的人更迅速地投入到反事实思维中，并产生更多的反设事实。在类型上，机会发现者更多进行的是阐述详尽的反事实思维，而非机会发现者更多进行的是自动的反事实思维。机会发现者产生改变因果顺序的反设事实，而非机会发现者产生的是基于同一个因果顺序的不同版本的反设事实。与非机会发现者相比，机会发现者很少被固定框架所束缚。当产生不实际或者不可行的反事实思维时，机会发现者会投入陈述可行性的额外的反事实思维，而非机会发现者则完全拒绝。

瓦格利和朱利恩（Vaghely and Julien, 2010）指出，创业者是高水平的信息处理者，他们促进信息转换和交换，并沿着一个隐性的算法有效地处理和综合丰富的信息。图马斯杨和布劳恩（Tumasjan and Braun, 2012）研究了焦点调整和自我效能对机会识别过程的影响。在创业机会识别的过程中，促进焦点和自我效能是互补的。一个低水平创造性自我效能和低水平创业自我效能的个体如果拥有高促进焦点，则能识别更多更具创新性的机会。吉尔尼克等（Gielnik et al., 2012）认为商业创意的产生是机会识别的初始阶段，与机会识别（数量和创新性）正相关，而创业者的预防焦点水平与机会识别之间无显著关系。吉尔尼克等（Gielnik et al., 2012）认为发散式思维对产生更多更具原创性的商业创意有直接影响，并通过产生原创的商业创意间接影响企业成长。信息多样性与发散式思维的相互作用使得在拥有多样信息的情况下，发散式思维对商业创意的产生在数量和原创性上有积极影响。而在约束信息的情况下，这种影响则不显著。产生的商业创意的原创性对企业成长有积极影响，而产生的商业创意的数量则与企业成长不相关。

5. 创业经验

创业经验指的是个体在重复创业过程中所积累的知识，在实证研究中通常用个体是否第一次创业或者个体创建过的企业数量来计量。巴容和恩斯利（Baron and Ensley, 2006）指出，在识别机会的过程中，创业者的认知框架发挥着重要作用。新手创业者强调创意的新颖、独一无二和自己的直觉，而相比于新手创业者，有经验的创业者所识别出的商业机会的原型界定更清晰、内容更丰富，并且更强调启动和运营一个新企业相关的因素和基本条件，特别是与财务回报有关的因素。格鲁伯等（Gruber et al., 2008）认为创业经验和识别出的机会数量是正相关的。但有学者认为企业所有权经验和识别的机会数二者之间是一种倒 U 形关系。先前创业失败的经验与在给定时期内识别的机会数之间存在倒 U 形曲线，与最新开发的机会的创新性之间没有关系（Ucbasaran et al., 2009）。

6. 人力资本

资源观视角的机会识别研究认为，企业的持续竞争优势是由企业独特的、有价值的、难以模仿的资源决定的（Barney，1986），机会识别是资源和绩效之间连接的一个重要因素（Gruber et al.，2012），而这种资源主要体现为人力资本。格鲁伯等（Gruber et al.，2012）指出，教育层次越多样化，则识别的市场机会就越多。管理经验和创业经验对机会识别都有促进作用，能增加识别出的市场机会的数量，而营销经验和技术经验则对机会识别起阻碍作用，减少识别出的市场机会的数量。由专家和创业人才组成的创业团队能比由专家和管理人才组成的创业团队识别出更多的机会。

7. 网络视角

网络视角对机会识别的研究主要考察创业者或者创业企业的强关系、弱关系、正式关系、非正式关系、网络规模、网络强度等对机会识别的影响。如奥兹詹和巴容（Ozgen and Baron，2007）发现，指导者、专业论坛和非正式行业网络这三种机会相关信息的社会来源对机会识别有正向影响，但是和亲密朋友及家庭成员之间的社会关系却并不能促进个体识别机会。模式强度在指导者、专业论坛和机会识别之间起着中介作用，而自我效能在非正式网络和机会识别之间起着中介作用，并且模式强度对自我效能有正向影响。

康蒂能和奥贾拉（Kontinen and Ojala，2011）指出，社会网络中新建立的正式关系要比已经存在的非正式关系和家庭关系对机会识别有更大的促进作用，警觉性比能动性对机会识别更有影响。而中小家族企业的小规模和管理团队的灵活性能增加对机会的警觉性。先验知识与中小家族企业的国际机会识别无直接关系。贸易展览是中小家族企业国际机会识别的主要途径。

巴格瓦图拉等（Bhagavatula et al.，2010）研究发现，创业者社会网络中的结构洞数量对创业者机会识别有正向影响，但对创业者获取资源的能力有负向影响。然而马等（Ma et al.，2011）认为，在不同的国家文化中，社会网络与机会识别之间的关系是不同的。在个人主义文化的国家里，弱联系和机会识别正相关，结构洞（桥关系）对机会识别有正向影响，但在集体主义文化的国家里却不是这样，强关系和机会识别正相关，强的桥关系与机会识别正相关，而弱的桥关系与机会识别负相关。他还指出，应该对从弱联系中得来的信息进行仔细的评估。

8. 机会类型

机会观认为创业是机会和个体的联系（Shane，2003），不仅个体能影响机会识别，机会的类型也会影响机会识别。史密斯等（Smith et al.，2009）按照机会内隐程度的差异将创业机会分为编码型机会（codified opportunity）和内隐性机会（tacit opportunity），将机会识别的方式分为基于信息经济学的系统搜寻和基于奥地利经济学的发现过程，指出内隐性机会要么通过发现过程被识别，要么被完全忽略，难以通过系统搜寻来识别，而编码型机会则是通过系统搜寻识别，并且机会的内隐性程度越高，先验知识在机会识别的过程中发挥的作用越大。

格列高里和谢波德（Grégoire and Shepherd，2012）建立了一个机会识别的认知模型。结果表明：技术—市场组合的表面相似性越高，结构相似性越高，表面相似性和结构相似性都高的技术—市场组合比表面相似性低而结构相似性高的技术—市场组合令创业者产生更强的机会信念。创业者的创业意图越强，则技术—市场组合的结构相似性对机会信念的影响越积极。而创业者关于技术的先验知识能够调节技术—市场组合的结构相似性对机会信念的影响。

除了对上述这些影响因素的研究外，还有学者从性别这种人口统计学因素着手来研究机会识别。如德蒂恩内和钱德勒（DeTienne and Chandler，2007）得出，男女拥有不同类型的人力资本，并利用不同类型的人力资本去识别机会。尽管男女识别创业机会的过程不同，但是他们所识别出的机会的创新度却没有差异。

3.4　这个机会行不行

尽管发现了创业机会，但并不意味着要创业，更不意味着成功就在眼前。因为创业活动是创业者与创业机会的结合，并非所有的创业机会都有足够大的价值潜力来填补为把握机会所付出的成本，并非所有机会都适合每个人。对创业者来说，关键在于如何从众多机会中找寻出有价值的创业机会。创业过程中的创业机会评价虽然短暂，但它非常重要，是创业者发现创业机会之后做出是否创业决策，以采取快速行动来把握机会的重要依据。

评价创业机会的价值有很多种方法：蒂蒙斯（Timmons）的创业机会评价框架、刘常勇的创业机会评价框架、标准打分矩阵法等。由于创业本身是一项风险度很高的活动，没有一个创业机会是完美的，也没有任何创业者都是在把握完全适合自己的条件下开展创业活动。因此，在评价创业机会之后是否决定投入创业，仍然是一项比较主观的决策。

1. 蒂蒙斯的创业机会评价框架

评价框架中涉及 8 大类 53 项指标（见表 3－1），通过这样一种量化的方式，创业者可以利用这个体系模型对行业和市场问题、竞争优势、经济价值、收获条件、管理团队、致命缺陷等做出判断，来评价一个创业企业的投资价值和机会。

表 3－1 蒂蒙斯机会评价表

行业与市场	1. 市场容易识别，可以带来持续收入 2. 顾客可以接受产品或服务，愿意为此付费 3. 产品的附加价值高 4. 产品对市场的影响力高 5. 将要开发的产品生命长久 6. 项目所在的行业是新兴行业，竞争不完善 7. 市场规模大，销售潜力达到 0.1 亿～10 亿元 8. 市场成长率为 30%～50% 甚至更高 9. 现有厂商的生产能力几乎完全饱和 10. 在五年内能占据市场的领导地位，达到 20% 以上 11. 拥有低成本的供货商，具有成本优势
经济价值	1. 达到盈亏平衡点所需要的时间在 1.5～2 年 2. 盈亏平衡点不会逐渐提高 3. 投资回报率在 25% 以上 4. 项目对资金的要求不是很大，能够获得融资 5. 销售额的年增长率高于 15% 6. 有良好的现金流量，能占到销售额的 20%～30% 7. 能获得持久的毛利，毛利率要达到 40% 以上 8. 能获得持久的税后利润，税后利润率要超过 10% 9. 资产集中程度低 10. 运营资金不多，需求量是逐渐增加的 11. 研究开发工作对资金的要求不高
收获条件	1. 项目带来的附加价值具有较高的战略意义 2. 存在现有的或可预料的退出方式 3. 资本市场环境有利，可以实现资本的流动
竞争优势	1. 固定成本和可变成本低 2. 对成本、价格和销售的控制较高 3. 已经获得或可以获得对专利所有权的保护 4. 竞争对手尚未觉醒，竞争较弱 5. 拥有专利或具有某种独占性 6. 拥有发展良好的网络关系，容易获得合同 7. 拥有杰出的关键人员和管理团队

管理团队	1. 创业者团队是一个优秀管理者的组合 2. 行业和技术经验达到了本行业内的最高水平 3. 管理团队的正直廉洁程度能达到最高水平 4. 管理团队知道自己缺乏哪方面的知识
致命缺陷	不存在任何致命缺陷
创业家的个人标准	1. 个人目标与创业活动相符合 2. 创业家可以做到在有限的风险下实现成功 3. 创业家能接受薪水减少等损失 4. 创业家渴望进行创业这种生活方式，而不只是为了赚大钱 5. 创业家可以承受适当的风险 6. 创业家在压力下状态依然良好
理想与现实的战略性差异	1. 理想与现实情况相吻合 2. 管理团队已经是最好的 3. 在客户服务管理方面有很好的服务理念 4. 所创办的事业顺应时代潮流 5. 所采取的技术具有突破性，不存在许多替代品或竞争对手 6. 具备灵活的适应能力，能快速地进行取舍 7. 始终在寻找新的机会 8. 定价与市场领先者几乎持平 9. 能够获得销售渠道，或已经拥有现成的网络 10. 能够允许失败

以上评价因素，应根据具体的创业机会特性进行选用，在评价运用时都设有机会的最高和最低吸引力，通常大多创业机会都是处于最高与最低之间，运用者根据具体情况对所运用的每一项进行打分，然后根据得分高低来判断该创业机会的潜在价值。

2. SWOT 分析法

SWOT 矩阵分析模型如表 3－2 所示，其中，S 表示优势（strength），W 表示劣势（weakness），O 表示机会（opportunity），T 表示威胁（threats）。SWOT 分析是将企业内外部的各种条件进行综合概括，从而分析组织的优劣势以及面临的机会和威胁，它关注企业自身情况及其与竞争对手的比较，而机会威胁矩阵分析的重点是外部环境对企业的影响。

表 3 - 2　　　　　　　　　　　　SWOT 矩阵分析模型

外部环境　　　　　　　内部环境	优势（strengths）	劣势（weaknesses）
机会（opportunities）	S - O 战略	W - O 战略
威胁（threats）	S - T 战略	W - T 战略

　　优势主要指组织的内部因素，可以是有利的竞争地位、充足的资金来源、技术实力雄厚、经济规模较大、较好的产品质量、市场份额领先、成本优势等。

　　劣势也属于组织的内部因素，可以是经营管理经验不足、没有关键技术、技术研发落后、资金匮乏等。

　　机会主要指组织的外部因素，可以是更有竞争力的新产品、新兴市场、新需求以及竞争对手的错误等。

　　威胁也指组织机构的外部因素，可以是新进入的竞争者、产业政策变化、财政紧缩、客户流失等。

　　整体来看，SWOT 分析可以分成两大部分：一部分是优劣势（OT），其分析重点对象是内部条件。优劣势是相对而言的，当两个创业者处于同一市场情况之下，或者他们提供的产品或服务的顾客群相同时，那么在此情况下，能够占领更多市场份额、获取更高利润的一方就比另一方具有竞争优势。通常情况下，竞争优势指的是一个企业超越其竞争对手的一种能力，这种能力的核心就是盈利，当然，盈利是核心但并非全部。竞争优势的来源十分广泛，但在分析是否具有竞争优势时，必须从消费者的角度考虑，而不能从企业本身的角度来衡量。竞争优势帮助企业更好地满足消费者需求的产品或服务，可以从产品或服务的每个价值环节进行分析查找，并与竞争对手进行一一比较，比如更好的性能、更漂亮的外观，或是更好的消费环境、更好的服务态度等，但是企业是一个综合体，在进行优劣势比较时，需要对各方面的细微优势进行综合，整理得到某个方面的综合优势，有利于管理的同时也利于继续扬长避短，进一步增强综合实力。另一部分是机会与威胁（SW），重点分析对象是外部环境的条件。环境威胁指的是环境中一种不利的发展趋势所形成的挑战，如果不采取果断的战略行为，这种不利趋势将导致公司的竞争地位受到削弱。环境机会是对公司行为富有吸引力的领域，在这一领域中，该公司将拥有竞争优势。

我们以 ofo 共享单车为例：

随着移动互联网、大数据、云计算、物联网等平台的快速发展，一种新的经济形式——分享经济正逐步颠覆人们的日常生活。当分享经济的这股浪潮遇上了传统的单车，ofo 应运而生，并凭借其"无桩""共享"的商业创新模式，迅速地成长、壮大，成为行业内的独角兽企业。从 2015 年成立至今，ofo 激发了潜在的、广阔的市场需求，推动了中国"自行车王国"的崛起，盘活了传统自行车行业。那么初生牛犊的 ofo 到底是凭借什么达到今天的成就呢？下面使用 SWOT 方法对 ofo 进行分析。

（1）优势分析

产品优势：ofo 共享单车车身颜色是黄色，被亲切地称为"小黄车"，辨识度高，相比于竞争对手摩拜单车，小黄车的设计、性能都与普通自行车相似，车身轻便好骑，成本低，可以短时间进行大批量的生产、投放，而且 ofo 还鼓励市民将自己的单车共享出来，盘活存量资源，押金低、租金少，更容易吸引顾客。

资源优势：供给端方面，飞鸽、富士达等优秀的传统自行车企业为 ofo 争夺全球市场注入新鲜的血液；华为、电信、北斗导航等行业执牛耳者为 ofo 车型智能化升级提供技术支持；而 ofo 除了获得专业投资机构的投资，更是获得了滴滴、小米科技与蚂蚁金服等互联网行业巨头的战略投资。

（2）劣势分析

前期 ofo 投入市场的车辆并没有配备智能锁，无法实现定位，也导致单车运维成本过高；车辆质量不够好，大量的坏车造成了不好的用户体验；用户忠诚度低，很容易被其他共享单车平台的优惠政策所吸引；押金存放管理不透明，经常出现用户退押金却迟迟不到账的问题；盈利模式尚不清楚，仍处于资本烧钱的阶段。

（3）机会分析

国家大力提倡"互联网＋"政策，"互联网＋交通"改善了原有交通模式，共享单车缓解交通拥堵，符合绿色、低碳、环保的发展理念；中国共享经济发展火热，资本频频青睐，政府高度重视，引导、规范共享经济市场有序发展；市场已初步形成，市民共享单车出行的习惯已经养成；海外市场仍是新的"蓝海"，国内有实力与 ofo 争夺海外市场的企业仅有摩拜一家。

（4）挑战分析

来自竞争对手摩拜的压力，摩拜单车智能化程度高，车身质量好已具有先天的优势，获得腾讯的战略投资后，更是如虎添翼，获得了腾讯这一重量级的流量入口；市民用车不规范、安全问题频出等导致政府监管政策尚不明朗，社会舆论压力大。

战略制定：

S-O战略：继续布局海外市场；坚持大共享计划，力争盘活存量资源；保持小黄车车身轻便好骑的特点；积极与"互联网＋"相结合，拓展更多可能的业务。

W-O战略：加快单车技术升级，促进单车智能化发展；为顾客提供差异化服务，提高用户忠诚度；向互联网业界优秀企业学习，积极探索盈利模式；改善押金管理问题。

S-T战略：与政府合作解决当前出现的社会问题，完善个人征信体系；发挥并保持现有的产品优势，牢牢把握滴滴与支付宝所带来的资源，改进营销策略，对摩拜进行反击。

W-T战略：加紧在单车技术上对摩拜的赶超，提高自身业务水平，履行自己的社会责任。

通过这个方法，创业者或企业可以从中发现对自身有利的机会，可以继续发扬、保持自己的优势，也可以看到不利于自身的威胁或是相对于竞争对手的劣势，从而更清晰地认识自身角色定位，发挥优势，避开威胁或做好应对措施，以保障更持久稳定的发展。同时，经过分析，也能分清不同事情的轻重缓急，以及战略战术关系，将其一一列举，按矩阵排列，并进行综合分析。

3. 波特五力模型分析

波特五力模型是将各种因素综合在一个模型里，用以分析一个行业基本的竞争状况。这个模型里的五种主要因素分别是供应商的议价能力、购买者的议价能力、潜在进入者的威胁、替代品的威胁，以及与现有同行的竞争。

（1）供应商的议价能力

供应商对一个企业的竞争力的影响主要就是通过其所提供的生产要素的数量、价格来影响购买方的产品产量、价格，从而影响其盈利能力和竞争力。对于原材料依赖程度较高的行业，供应商对生产企业的影响越大，相应的供应方的议价能力就越强。总体来说，供方的议价能力取决于其提供的要素对购买方的重要程度以及供方要素本身质量和供方之间的相互竞争情况，以下是几种供方议价能力较强的情况：①供方市场份额很大，地位稳固，且同行竞争者较少，而需求较大；②供方产品非常具有差异化，比较独特，很难有模仿或替代品；③供方之间形成战略联盟，实行价格保护，共同进退。

（2）购买者的议价能力

购买者主要以议价水平和要求更好的服务来进行博弈，从而达到其议价目的。以下是几种购买者议价能力较强的情况：①某种产品或服务顾客群体数量较少，但单份购买数量较大，即重要的大客户；②卖方行业自身实力较弱，卖方企业规模均不大；③购买者所需产品为标准化产品，卖家众多；④跟供方一样，购买者形成顾客团体，如采用团购等形式。

（3）潜在进入者的威胁

新进入者对于双方来说都是一种竞争，它可以为市场注入新的活力，形成充分竞争，共同促进市场繁荣，也有可能演化为恶性竞争而给整个市场带来灾难。新进入者的威胁程度取决了两个方面：一是新领域进入壁垒的大小；二是已有企业对于新进入者的接纳情况。

进入障碍主要有经济规模、产品差异、资本需要、转换成本、销售渠道等方面。现有企业对进入者的接纳情况取决于现有企业的实力和战略，从而决定其是否会进行狙击，所以新进入者需要考虑进入后的潜在利益、需要的代价和风险等综合因素。

（4）替代品的威胁

如果替代品相对市场中的已有产品显得物美价廉，而且顾客的转换成本较低，则会给现有企业带来较大的竞争压力，这种强度可以通过替代品的销售增情况、市场份额等情况反映出来。

（5）同行竞争者的竞争程度

同行之间的竞争几乎不可避免，这里可以通过结合 SWOT 分析自身及外部环境的优劣势，制定相应的应对策略。

3.5　找个商业模式来创业

著名管理学大师彼得·德鲁克说：“当今企业之间的竞争，不是产品之间的竞争，而是商业模式之间的竞争。”

不同规模的企业、不同状态的企业、不同行业的企业、不同类型的企业有着不一样的商业模式，但又遵守着许多共同的商业规律。《科学投资》杂志调查显示：在创业企业中，因为战略原因而失败的只有 23%，因为执行原因而失败的也只不过是 28%，但因为没有找到合适的商业模式而失败的却高达49%。商业模式对于创业企业至关重要，企业要想成长壮大就必须从制定适合该企业的商业模式开始。

3.5.1　商业模式概念

《哈佛商业评论》中的一篇文章《如何重塑商业模式》对商业模式定义如下：商业模式是如何创造和传递客户价值与公司价值的系统，商业模式由四个密切相关的要素构成，即客户价值主张、盈利模式、关键资源和关键流程。

蒂蒙斯认为，商业模式是产品、服务和信息流的一个体系架构，包括说明各种不同的参与者以及他们的角色、各种参与者的潜在利益，以及企业收入的来源。

商业模式目前还没有统一的定义，但总体来说，商业模式的定义可分为四大类，即经济类、运营类、战略类、整合类，发展方向是从经济类向整合类逐次递进的。经济类定义将商业模式看成是企业的经济模式，是指如何赚钱的利润产生逻辑，相关变量包括收益来源、定价方法、成本结构和利润等。运营类定义关注企业内部流程及构造问题，相关变量包括产品或服务交付方式、管理流程、资源流、知识管理等。战略类定义涉及企业的市场定位、组织边界、竞争优势及其可持续性，相关变量包括价值创造、差异化、愿景和网络等。整合类定义认为，商业模式是对企业如何很好地运行商业系统的本质描述，是对企业经济模式、运营结构和战略方向的整合和提升。采取整合类定义的研究者认为，商业模式不应当仅仅是对企业经济模式和运营结构的简单描述，也不应该是企业不同战略方向的简单加总，而是要超越这些孤立和片面的描述，从整体和经济逻辑、运营结构与战略方向三者之间的协同关系上说明企业商业系统运行的本质。

茅台通过文化形成了独一无二的产品，构成了深深的"护城河"，有了自己的定价权；腾讯，一个开发即时通信软件的企业，对自己的定位是全新的社交公司，大家使用 QQ 不是为了通信，而是为了社交。数据量大使得腾讯用户的黏性高，因为使用者社交网络越大，就越离不开 QQ；微软的强大之处在于其他公司推出优秀作品之后，它会马上推出相似产品进行对抗，从浏览器打败网景，到办公软件打败莲花公司。

商业模式回答了一个组织在何时（when）、何地（where）、为何（why）、如何和多大程度地（how）、为谁（who）提供什么样（what）的产品和服务，并开发资源以维持这种努力的组合。九个要素构成了商业模式：价值主张、消费者目标群体、分销渠道、客户关系、价值配置、核心能力、合作伙伴网络、成本结构、收入模型。商业模式是一个综合性概念，它并非指单纯的盈利模式，也没有抛弃价值获取的内容，而是将价值来源（即价值创造）与价值获取有机地结合起来，形成价值发生和获取两种机制在企业内部的平衡，这两种机制说明了企业内部资源和能力与外部竞争优势的内在逻辑关系。

3.5.2　商业模式的特征

成功的商业模式具有有效性、整体性、差异性、适应性、可持续性、生命周期性六大特征。

1. 有效性

商业模式的有效性，一方面是指能够较好地识别并满足客户需求，做到客户满意，不断挖掘并提升客户的价值，另一方面是指通过模式的运行能够提高自身和合作伙伴的价值，创造良好的经济效益。同时，商业模式的有效性也包含具有超越竞争者的，体现在竞争全过程的竞争优势，即商业模式应能够有效地平衡企业、客户、合作伙伴和竞争者之间的关系，既要关注客户，又要企业盈利，还要比竞争对手更好地满足市场需求。

2. 整体性

好的商业模式至少要满足两个条件：第一，商业模式必须是一个整体，有一定的结构，而不仅仅是一个单一的组成因素；第二，商业模式的各组成部分之间必须有内在联系，这个内在联系把各组成部分有机地关联起来，使它们互相支持、共同作用，形成一个良性的循环。

戴尔公司的直销模式之所以成功，其重要原因之一是戴尔具有低于 4 天的存货周转期，这种高周转率直接带来了低资金占用率和低成本效益，使得戴尔的产品价格低，具有竞争对手不可比的优势。戴尔的低库存、高周转效率正是来自其核心生态系统内采购、产品设计、订货和存货管理、制造商及服务支持等一系列生态链中的相关活动的整体联动所产生的协同作用，这是其真正的核心竞争力所在。

3. 差异性

商业模式的差异性是指既具有不同于原有的任何模式的特点，又不容易被竞争对手复制，以保持差异，取得竞争优势。这就要求商业模式本身必须具有相对于竞争者而言较为独特的价值取向，以及不易被其他竞争对手在短时间内复制和超越的创新特性。

戴尔的直销模式重新定义了顾客对速度及成本价值的衡量方式，创造了阻碍竞争对手模仿的障碍。同样，美国西南航空公司的商业模式所选择的特定服务航线和目标顾客，也使得对手只能模仿其中的某一个环节而无法模仿全部。差异性的存在使得试图学习戴尔和西南航空的企业，从未有过成功的例子。

4. 适应性

商业模式的适应性是指其应付不断变化的客户需求、宏观环境变化以及市场竞争环境的能力。商业模式处于一种动态演化的过程之中，今天的模式也许明天就变得不再适用，甚至成为阻碍企业正常发展的障碍。好的商业模式必须始终保持必要的灵活性和应变能力，具有动态匹配的商业模式的企业才能获得成功。

5. 可持续性

企业的商业模式不仅要能够难于被其他竞争对手在短时间内复制和超越，还应能够保持一定的持续性。商业模式的相对稳定性对维持竞争优势十分重要，频繁调整和更新不仅会增加企业成本，还易造成顾客和组织的混乱。这就要求商业模式的设计具备一定的前瞻性，同时还要进行反复调整。

6. 生命周期性

任何商业模式都有其适合的环境和生存土壤，都会有一个形成、成长、成熟和衰退的过程。

玛格利塔是中国比萨行业的代表性企业之一，自 2012 年成立至今，门店数量在全国范围内已经超过了 600 家，从一个名不见经传的小企业，迅速发展成为"中国现烤比萨第一品牌"。玛格利塔商业模式的形成经历了四个阶段：

第一阶段：商业模式萌芽阶段。赵青云（玛格利塔创始人）在为面包店供应了两年的冷冻面团后，经过对市场的考察，将目光锁定在比萨的巨大市场上，为未来的发展确定了前进的方向。

第二阶段：商业模式初步形成阶段。2012 年 7 月，赵青云在福州首山路开了玛格利塔的第一家店。在了解市场情况后，以切片式、低价格这种新思路进入市场，打破了以往必胜客整片出售且价格高的格局，玛格利塔专注于对比萨的研究，很好地抓住了消费者的胃，迅速拥有了自己的客户群。

第三阶段：商业模式形成阶段。建立标准化生产车间和中央厨房，为玛格利塔商业模式的形成奠定物质基础，推行全面质量管理；建立中央厨房，保证食材供应与质量安全。

第四阶段：商业模式成熟与发展阶段。食材按照精细化标准进行挑选，比萨制作的每一个环节都经得起考验，在经营管理中凸显玛格利塔的独特商业模式，通过科学高效管理、开放包容理念、人才储备培养等方式促进企业商业模式不断发展。[1]

3.5.3　商业模式的作用

一个好的商业模式可以促使创业者全面思考市场需求、生产、分销、企业能力、成本结构等各方面的问题，将商业的所有要素协调成一个有效、契合的整体；可以使顾客了解企业可能提供的产品或服务，实现企业在顾客心目中的目标定位；可以使员工全面理解企业的目标和价值所在，从而调整其行动与企业的目标达到和谐；可以使股东更清晰、方便地判断企业的价值及其在市场中的地位变化。

爱彼迎（Airbnb）公司成立于 2008 年 8 月，总部位于美国加利福尼亚州旧金山市。在这里，人们可以通过网站、手机或平板电脑发

---

[1]　根据以下网络公开资料整理：http://www.magelita.cn/welcome.html。

布、发掘和预定世界各地的独特房源，不管是公寓、别墅、城堡还是树屋，也能够享受到全球独特的定制化旅行体验。

在刚起步时，Airbnb从低端市场切入，成功撬开了传统酒店住宿行业的大门，为自己带来了巨大的用户增量，帮助自己飞速发展；发展阶段将先进的社会文化、独特的价值理念、时尚潮流的新颖元素和本土化的灵活模式融入整个品牌和服务中，突破性地实现了服务产品的价值创新，满足了用户的超前需求；升级阶段将众多利益相关者纳入平台，扩大了服务范围和模式，达到了商业模式全面升级的效果，涵盖了短租旅行生态链的全部环节，满足了用户对旅行的全部渴望。

虽然Airbnb不是第一家做短租的团队，但却是做得最成功的。2017年酒店住宿行业的整体市场规模是5000亿美元，民宿和短租市场规模接近1000亿美元，而Airbnb在民宿和短租市场的占有率达到了30%以上，从创立至今，公司年增长率平均超过了500%，是名副其实的行业龙头老大。这样的成就部分归因于其商业模式不断适应市场的需求，并不断调整策略以抓住转型发展的契机。①

大学生创业商业模式 Q&A

第一问：如何测试我的创业机会？

从本质上说，成功的创业由三个关键要素构成：市场、行业和人。本篇将提供这三个方面的创业机会测试指标。

1. 这是个好市场吗？

关于市场的三个关键问题：

第一个：今天的市场是否足够大，可以让不同的竞争对手都有机会服务于不同的细分市场，而不会相互竞争吗？

第二个：短期来看市场增长速度如何？（在信息不足的情况下，可使用近

---

① 根据以下网络公开资料整理：https://www.cyzone.cn/a/20150709/277174.html。

期的增长速度对不久的将来的市场变化情况进行预测。）

第三个：在宏观趋势如经济趋势、技术趋势、自然环境趋势等的影响下，市场增长速度未来很长一段时间内将会如何发展？

宏观层面的市场测试：

第一，你首先需要确定自己想创立的企业的定位。是一家拥有成为大企业潜力的企业，还是一家服务于小利基市场的生活方式型企业？然后才能根据下列问题来测评你的机会。

第二，你想服务多大规模的市场？你能够用多少种有效方法进行市场测评？

第三，目标市场在过去 1 年、3 年、5 年时间里的增长速度分别是多少？

第四，你认为目标市场在未来 6 个月、3 年、5 年或 10 年后会持续增长吗，如果会，预测它会增长多快。

第五，你认为未来什么样的宏观趋势（如人口趋势、社会文化趋势、经济趋势、技术趋势以及自然环境趋势等）会影响你的市场，分析这些趋势将对你的企业的哪些方面产生影响、产生什么样的影响，这些影响是有利的还是不利的。

第六，基于你回答上述问题所收集的证据，分析宏观市场仍然存在什么样的重大风险，对此你应该重点关注哪些方面。

信息的来源不受限制，既可以是间接资源，如图书馆资料或互联网上的信息，也可以是原始资源。你能从与潜在消费者、供货商或竞争者的谈话中收集到哪些与市场趋势相关的信息？

最后，你想要寻求风险投资吗？如果你的市场规模并不大或者增长速度也不快，那么就不必考虑这个选项了。

2. 这是个好行业吗？

当一个因表现杰出而声誉很好的管理队伍进入一个因难赚钱而声誉不好的行业后，该行业仍然会保持它难赚钱的声誉，而该管理团队的好声誉则不复存在。

——著名投资人沃伦·巴菲特

宏观层面的行业测试：

第一，你将参与什么样的行业？根据你的理解对这个行业下个定义。

第二，要进入这个行业是容易还是困难？

第三，这个行业的供应商有没有能力来制定交易条款和条件？

第四，这个行业的购买者有没有能力来制定交易条款和条件？

第五，替代产品窃取你的市场是容易还是困难？

第六，同行业竞争者的数量是多还是少？竞争程度是激烈还是温和？

第七，基于以上这些问题，你认为这个行业的吸引力是大还是小？对这个行业做一个总体评价。

第八，如果你的行业的整体绩效不好，有没有让人信服的理由说明你为什么能够做到与众不同。如果没有，请继续。

第九，根据你在回答上述问题时所使用的信息，分析你的行业存在哪些宏观风险，这些风险是什么？未来能够采取什么行动缓解这些风险？

切记，这些问题不是简单地为了收集市场数据，而是要根据这些数据分析问题。无论结果好还是坏，一定要注意任何关键的风险，然后随着你的想法的发展，得出关于你的行业在宏观层面上的总体吸引力的初步结论。

3. 团队够给力吗？

大部分新创企业都遭遇了失败的结局，其中很多都是由于机会本身的问题。有一些人追求的是糟糕的市场，有一些人选择的是没有吸引力的行业，在这些行业里几乎没有人能够盈利，还有一些人没有办法维持其最初拥有的竞争优势，或者被困在一个就是无法持续盈利的初始商业模式中。从那些失败的案例中学到的一个至关重要的教训就是：拥有能执行关键成功要素的团队也非常重要。

执行能力测试：

（1）给出你所在行业的几个关键成功因素，给出相关证据表明这些成功因素是正确的。

（2）你能够证明（用以往的业绩而不是语言）你所组建的团队能够执行每一个以及全部的关键成功要素吗？

（3）哪些关键成功要素是你的团队不能执行的？为此，你在完善你的团队能力方面还需要哪些帮助？

（4）在回答上述问题的过程中是否发现了团队建设中存在的风险？这些风险需要添加到你的风险列表中吗？采取什么措施才能缓解这些风险？

如果你是行业的新进入者，你可能需要借助一些行业专家的力量，才能找出关键成功要素。毫无疑问，这个关键成功要素清单一开始的时候会很长，因为你会获得各种各样的输入，你需要对清单做一些修整和简化，只留下那些你所认为的真正的成功要素，从而帮助测评你和你的团队是否找出了所有需要弥补的不足。

第二问：如何打造我的商业模式？

1. 商业模式设计

创业机会有了，评价结果也不错，接下来要做的就是为你的创业机会寻找合适的商业模式。应从六个方面入手进行商业模式的设计：客户选择、竞争对手、价值主张、利润获取、核心优势、实现路径。

（1）客户选择

①谁应该是我的客户？一旦了解了你目前的客户是谁、他们目前的偏好，以及他们的偏好如何变化，就该思考一下谁是你的主要客户。相比于其他客户，这类客户消费你的产品或服务频率高、数量大。如何扩展你的客户群？尝试着去寻找有没有另外一些群体，他们也看重你的产品或服务。你能否沿着价值链跨越一步，向你的客户的客户提供产品或服务？你能否朝着另外的方向迈出一步，为像你一样的公司提供产品或服务？总之，创造性的客户选择是创业者们成功路上的基石。

②怎样才能为客户增加价值？在明确了哪些是你当前的客户，哪些是你潜在的客户，以及他们的偏好（既包括明确表述的偏好，也包括隐含的偏好）是什么之后，下一步你必须知道如何为这些客户创造价值。

首先要分析客户的偏好，然后要问自己，怎样才能比竞争对手更好地满足这些偏好。

你的竞争者满足了客户的哪些偏好？

有哪些客户偏好，你能够比竞争者更好地去满足？

有哪些客户偏好，你可以比竞争者以更低的成本去满足？

你的客户能为满足自己的偏好付出多大的代价？

为了给客户提供最大的价值，你还能满足客户的哪些其他偏好？

根据你对以上问题的回答，寻找比竞争对手为客户增加更多价值的方法。

③如何让客户首先选择我？客户的每一个偏好都有其相对重要性。依据这些偏好在多大程度上得到满足，他们有意无意地给各个公司打分。对公司而言，如果能在客户最重要的偏好上得分最高，公司就能取得成功。

（2）价值主张

价值主张，即买方效用，是指你的产品或服务能够为客户提供怎样的价值。价值主张确认公司对客户的实用意义。企业的价值主张是一个企业存在的意义，也是一个企业满足客户偏好的具体表达。

找到重要的客户以及他们的价值需求，也就找到了价值主张。企业的价值主张不仅满足客户的表面偏好，更要满足客户的内心偏好，要比所有的竞争对手提供给客户更大的价值或前所未有的价值，甚至超越客户的价值需求。

确立价值主张时要注意：提出的主张必须是真实可信的，必须是其他产品或服务所没有的，必须是可实现的。

（3）竞争对手

①真正的竞争对手是谁？传统上认为，所谓的竞争对手就是与我们做同样业务的公司。然而，真正的竞争对手不仅是与你争夺同一客户以及经营范围相同的公司，也包括那些不同行业、不同经营范围，但也能提供与你一样的产品或服务或有替代性的产品或服务的公司。因此，必须在一个相当广阔的范围内搜索你的竞争对手，这些竞争对手拥有不同的商业模式，他们用这些模式来吸引你的客户，吸引客户的金钱。

我们可以通过雷达图来寻找主要的竞争对手：

画出一个空白的雷达式屏幕，由 4 个同心圆组成。

把你的直接竞争对手记在里层的圆环里，把间接竞争对手记在外层的圆环里（包括目前还不是，但明年或后年可能成为竞争对手的企业），以可口可乐为例（见图 3-1）。

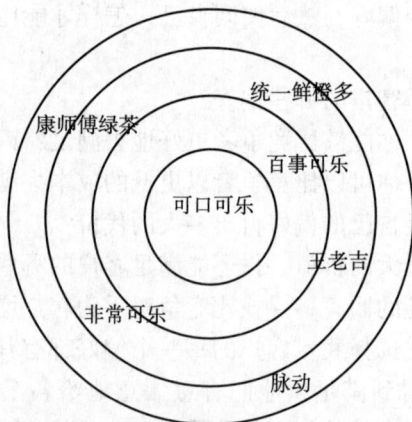

图 3-1　雷达图——以可口可乐为例

换个角度思考，如果你是客户，你认为哪个是最好的选择，这个公司的产品或服务哪里最吸引你？

②最难对付的竞争对手的商业模式是怎样的？界定出竞争对手之后，问自己："谁是我的两个最强大的竞争对手？这样的竞争对手可能会争夺客户，或者更有效地利用资源。"确定了主要竞争对手之后，接着问自己："与我们现在的商业模式相比，他们的商业模式设计到底怎么样？如何可以和他们形成差异、占据优势？"

通过以下五大战略要素对竞争对手的商业模式进行描述（见表 3-3）。

表 3-3　　　　　　　　　　　商业模式五大战略要素

要素	要解决的问题	具体内容
客户选择	我提供的产品或服务满足哪些客户的需求？	哪些客户可以让我赚钱？我能够为哪些客户提供价值？
价值主张	我能够为客户提供什么价值？	我最重要的客户的价值需求是什么？相比于竞争对手，我能够为他们提供更大的价值或前所未有的价值吗？
利润获取	我如何获得利润？	如何为客户创造价值，找到最佳利润区？我采用什么盈利模式？
核心优势	我如何保护我的利润区？	与竞争对手相比，我的价值主张有什么独特之处？哪些优势可以遏制或抵消竞争对手的力量？为什么客户要选择我提供的产品或服务？
业务范围	我从事何种经营活动？	我向客户提供何种产品或服务？我从事哪些辅助性业务？我的哪些业务是需要和其他公司协作生产的？哪些业务是外包的？

一个企业的商业模式要取得成功，它的这五个战略要素必须满足以下条件：满足客户偏好、具有高获利能力、内在的一致性。

（4）利润获取

①利润区在哪里？利润区是指为公司带来高额利润的经济活动，这种利润不是平均利润，不是周期变化的利润，也不是短期利润。公司的价值源于在利润区产生的持续的和高额的利润。首先参考客户偏好和价值主张，其次根据产业价值链的利润区分布以及竞争对手的利润区寻找自己的利润区。找到了利润点和盈利点后，就可以着手设计相应的产品和服务以实现我们的利润。

②如何获得利润？如果一个企业没有利润，即使它可以给客户增加价值，也是不完善的。在许多情形下，这种企业的商业模式往往带有致命的缺陷，最终都会走向失败。如何获得利润就是盈利模式的设计，利润可以通过不同的途径实现，只有实现高额利润的途径才能被称为盈利模式。

许多情形下，一家企业可以采用两种或三种盈利模式，例如：迪士尼同时采取了"卖座大片"模式和利润乘数模式。可口可乐采取了多种成分系统模式＋品牌模式＋相对市场份额模式。你的公司的获利能力可能来源于两种或更多的盈利模式，甚至可以自行开发自己的模式。

（5）核心优势

竞争优势帮助保护企业商业模式设计所创造的利润流，没有竞争优势的商业模式设计，就如同一条船底带有破洞的航船。竞争优势有很多种，主要分为产品、技术、业务、能力四大类，每一种竞争优势都是为了使公司始终保持在利润区，防止利润转移到其他公司。

最核心的竞争优势称为核心竞争力。通过对竞争对手进行分析，找出自己可形成的竞争优势，通过提炼和创新形成核心竞争力。核心竞争力有三个特征：明显的竞争优势、扩展应用的潜力、竞争对手难以模仿。

（6）实现路径

通过商业模式设计所包含的战略、操作和组织三个方面的内容描述一个企业的商业模式设计。通过企业价值主张和目标客户群的需求，制定价值实现的路径图。

2. 商业模式画布

商业模式由多个要素构成，同时，各个要素之间都存在着相互作用的关系，要素本身包含了企业运营的各个方面，全面展现了企业的生产运营过程和运营模式。而商业模式要素之间相互影响，形成一个稳定的商业模式体系。奥斯特瓦尔德（A. Osterwalder）在《商业模式新生代》一书中推出的一种可视化工具——商业模式画布，更明确地描述了各模块及其关系，此方法将文字与图形结合，提高了该方法的可操作性。

如图3-2所示，商业模式画布从5个视角、9个构造块进行描述。表3-4详细解释了这9个构成要素的含义。

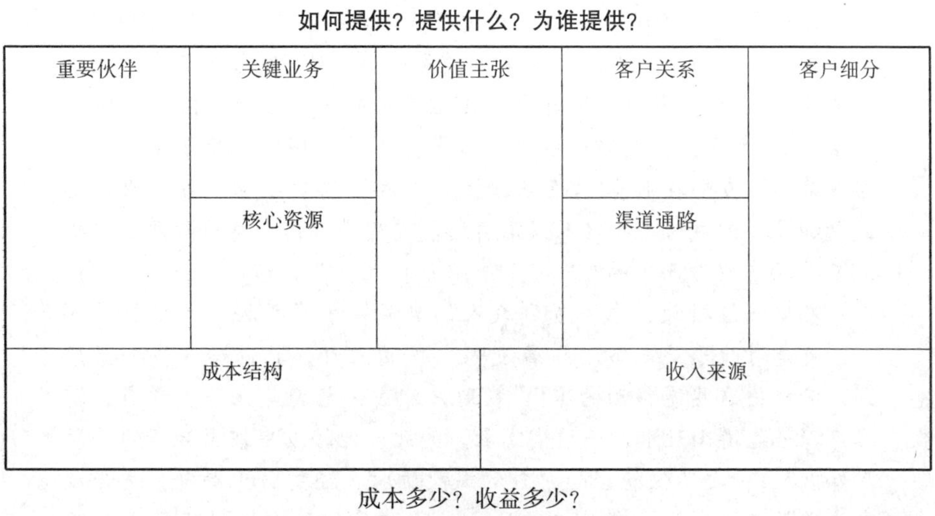

如何提供？提供什么？为谁提供？

重要伙伴	关键业务	价值主张	客户关系	客户细分
	核心资源		渠道通路	

成本结构	收入来源

成本多少？收益多少？

图 3-2　商业模式画布的 9 个构造块

表 3-4　　　　　　　　　　　　**商业模式构成要素详解**

视角	具体要素	主要含义
提供什么？	价值主张	用来描绘为特定客户细分创造价值的系列产品和服务。是客户转向一个公司而非另一个公司的原因，它解决了客户困扰或者满足了客户需求
如何提供？	关键业务	用来描绘为了确保其商业模式可行，企业必须做的最重要的事情。关键业务是企业得以成功运营所必需采取的最重要的行动
	重要伙伴	让商业模式有效运作所需的供应商与合作伙伴的网络。企业会基于多种原因打造合作关系，合作关系正日益成为许多商业模式的基石
	核心资源	用来描绘让商业模式有效运转所必需的最重要的因素
为谁提供？	客户关系	与目标用户建立怎样的关系，用来描绘公司与特定客户细分群体建立的关系类型
	客户细分	找出你的目标用户用来描述一个企业想要接触和服务的不同人群或组织。客户构成了任何商业模式的核心
	渠道通路	用来描绘公司如何沟通接触其客户细分而传递其价值主张。沟通、分销和销售等渠道构成了公司相对客户的接口界面。渠道通路是客户接触点，它在客户体验中扮演重要角色
成本多少？	成本结构	运营一个商业模式所引发的所有成本
收益多少？	收入来源	用来描绘公司从每个客户群体中获取的现金收入（需要从创收中扣除成本）

友唱成立于 2016 年 6 月，经过了一年多的发展，在品牌影响力、城市覆盖率、娱乐形式方面都名列前茅。在 2017 年第一季度中国线下迷你 KTV 品牌影响力排行中，友唱位列第一，影响力指数为 6.6。截至 2017 年 3 月，友唱已经至少覆盖了 135 个城市，覆盖城市数量排名第二。友唱在 K 歌录音基础上，加入了游戏互动功能，娱乐形式更加多样，成为了年轻人娱乐首选。友唱是如何在竞争激烈的迷你 KTV 市场中脱颖而出的呢？

友唱一经投放，立即受到众人的喜爱，很多年轻人，尤其是恋人，更是对此乐此不疲。随着友唱人气的上升，其创始人罗安武感到，应该把这些能移动的 KTV 装到户外去，尤其是在一些景点，游客可以一边游山玩水，一边唱唱歌。为此，他给友唱披上专门的"防水外衣"，使之不仅能经受户外的风吹雨打，还能防止漏电，适合放在旅游景点、公园、车站口等地方，为过往的行人提供优质唱录服务，友唱进入了 2.0 时代。

目前友唱的商业模式主要分为两种。第一种是直营模式，在该模式下，公司自主研发生产迷你 KTV 设备，并直接与客户对接，进行迷你 KTV 的运营。第二种是加盟商模式，在该模式下，品牌商提供迷你 KTV 设备及后期维护服务，同时提供 KTV 相关软件和曲库；加盟商主要负责与客户对接，进行迷你 KTV 的运营。这两种模式的投资回收期均较短，能够迅速回本。

友唱拥有独特的四大平台：自助娱乐互动平台、友唱商家后台 APP、友唱商家联盟和友唱管理 PC 端、APP 构成完整的产品线，占领了市场顶端，实现了快速盈利。友唱将自己的用户定义为 20 ~ 30 岁的孤独人群，这些人大多是 90 后，90 后都是孤独主义的倡导者和践行者，他们在意的是自我空间、自我满足、自我陶醉和自我享受的过程，奉行独"嗨"，不喜欢成群结队，享受一个人的生活状态。友唱迷你 KTV 在商业形式、运营战略、商品功用上都在向这些人的需求靠拢，迎合单身需求，契合小众用户习惯。

友唱的营销手段多种多样。2017 年 3 月，友唱和全民 K 歌达成战略合作，力求在社交化分享上发力。用户通过友唱演唱之后，即可直接将歌曲上传至全民 K 歌与好友分享，分享红包、打赏功能还能赚取积分用于下次消费。此外，友唱更是抓住各个节日开展营销活动。在春节期间，为回馈广大用户粉丝，自 2017 年 1 月 18 日至 2 月

2 日举办了"春节录音送祝福"，1 月 20 日至 2 月 11 日举办了"春节设备触摸屏红包雨"，1 月 20 日至 2 月 11 日举办了"热歌榜"春节 PK 赛等活动，引起了强烈反响。招商会和发布会也是友唱营销的一项重要方式。自上线到 2016 年底，通过频繁密集的招商会、发布会的方式，友唱狂飙突进拓展海内外市场。

友唱自上线以来就受到了不少资本的青睐。友唱的主要投资方为友宝在线集团。当 2016 年资本市场处于寒冬时，友唱就获得了友宝在线集团数百万元的天使轮投资。2017 年 2 月 21 日，友宝在线宣布对友唱进行 6000 万元人民币的 A 轮投资。随着 2017 年上半年友唱的疯狂扩张，友宝更是看到了迷你 KTV 市场的巨大潜力，并于 5 月 26 日宣布，将通过旗下子公司投资 1.2 亿元收购友唱的公司厦门前沿 20% 的股份，至此，友宝在线获得了厦门前沿 100% 的股权，友唱的估值达到 6 亿元。

友唱还以其独特的优势吸引了众多合作伙伴。友唱的合作伙伴有友宝、咪咕爱唱、招商银行、今日头条、阿里星球、腾讯网、微软、全民 K 歌。这些合作伙伴的牵手为友唱提供了重要的支持。[1]

友唱商业模式构成要素分析：

价值主张：即友唱能够为用户提供哪些服务。从案例可以得知，友唱是一个 2 平方米的小型 KTV，解决的是互联网时代人们碎片化的娱乐消费需求，友唱的核心价值观是"唱享空间，霸占快乐"。除此之外，还有一些附加价值，例如酷跑唱将、友唱达人榜、虚拟包房等，为消费者打造独一无二的唱歌体验。

客户细分：友唱的用户主要是乐于分享、拥有碎片化娱乐消费的人群。具体来讲，友唱的消费者定位为 20～30 岁的年轻人，追求新奇、潮流、个性化体验，他们喜欢与朋友分享，也拥有碎片化的时间，在等待吃饭、看电影、逛街的间隙进行消费。

客户关系：友唱通过两种方式拉近与消费者之间的关系：一种是通过社交网络，消费者通过分享录到的歌曲达到这种目的。另一种是通过营销活动，如节日发放优惠券、举办唱歌达人比赛等。

渠道通路：友唱的营销方式包括跨界营销、节日营销和举办招商会。通过这些营销活动增加消费者数量，增强用户黏性。消费者主要

---

① 根据以下网络公开资料整理：http://www.sohu.com/a/126921558_114835；http://www.techweb.com.cn/finance/2017-05-27/2529380.shtml；https://tech.china.com/article/20161208/201612088316.html。

通过微信公众号使用友唱。

核心资源：友唱拥有一支强大的 KTV 技术研发团队以及友唱品牌。友唱的运营方厦门前沿科技开发有限公司是一家躬耕 KTV 行业近 20 载的 VOD 点播技术开发公司，实力雄厚，技术过硬，保证了友唱从 1.0 到 2.0 的完美升级。此外，友唱的运营团队提供了良好的用户体验和营销活动。

关键业务：目前友唱的关键业务主要包括产品更新升级、营销获取客户、为客户提供服务以及友唱机器的维护。

重要伙伴：友唱主要的合作伙伴有投资人、加盟商、腾讯网、微软、全民 K 歌等。投资人主要是友宝公司，是友唱的资金来源。合作平台包括腾讯网、微软、全民 K 歌，为友唱提供了硬件设施，打造品牌形象。

成本结构：友唱的成本主要为机器的生产成本、运营成本、歌曲的版权费，还有人力成本。其中，运营成本包括服务费、电费、场地租金，人力成本主要是工资及清洁费。

收益来源：收入主要来源于两部分：一部分是用户每次唱歌支付的费用；另一部分是企业融资得到的资金。

将上述内容整合到画布中，如表 3-5 所示。

表 3-5　　　　　　　　　　　　友唱商业模式画布

重要合作	关键业务	价值主张	客户关系	客户细分
投资企业 加盟商 腾讯网 微软 全民 K 歌	获取客户 客户服务 营销活动 产品升级	唱享空间 霸占快乐 满足轻娱乐 消费需求	社交网络 营销活动	乐于分享的年轻人 拥有碎片化娱乐 消费的人群
	核心资源 技术团队 资本 友唱品牌		渠道通路 跨界营销 节日营销 举办招商会 微信公众号	
成本结构 机器生产成本 运营成本 人力成本 歌曲的版权费		收入来源 用户每次唱歌支付的费用 融资		

本章习题

1. 创业机会和商业机会有什么不同？怎样才能发现创业机会?

2. 从"目的—手段"关系出发理解下列企业的创业：淘宝网、百度、当当网。能否从身边的生活出发，列举可能存在的创业机会。

3. 为什么有的人看到创业机会，而另一些人则看不到？

4. 举例说明一个商业模式并进行分析，如阿里巴巴模式、沃尔玛模式。

5. 为你身边的大学生创业项目设计一个商业模式画布。

参 考 文 献

[1] 孙卫东：《中小企业商业模式创新与实现路径的分析——基于系统框架的思考》，载《当代经济管理》2017 年第 39 卷第 12 期。

[2] 张秀娥、祁伟宏、李泽卉：《创业者经验对创业机会识别的影响机制研究》，载《科学学研究》2017 年第 35 卷第 3 期。

[3] 庞学卿：《商业模式创新的前因及绩效：管理决策视角》，浙江大学博士学位论文，2016 年。

[4] 张红、葛宝山：《创业机会识别研究现状述评及整合模型构建》，载《外国经济与管理》2014 年第 36 卷第 4 期。

[5] 沈永言：《商业模式理论与创新研究》，北京邮电大学博士学位论文，2011 年。

[6] 王伟、朱燕空：《创业机会评价指标体系构建》，载《商业时代》2010 年第 2 期。

[7] 左凌烨、雷家骕：《创业机会评价方法研究综述》，载《中外管理导报》2002 年第 7 期。

[8] 原磊：《国外商业模式理论研究评介》，载《外国经济与管理》2007 年第 10 期。

[9] 王伟毅、李乾文：《创业视角下的商业模式研究》，载《外国经济与管理》2005 年第 11 期。

第 4 章

融资：利用外部资源创业

众所周知，没有充足的资金，再好的创意也难以转化为现实的产品或服务。对创业的大学生来说，能否快速、高效地筹集到资金，是创业成功至关重要的因素。这就需要我们明白创业融资是什么、为什么融资、钱从哪里来等问题。

另外，对于大学生创业，在创业各阶段采取的融资策略、融资前的准备、如何管理融资风险等实际问题也值得探讨，本章将一一进行阐述。

理 论 篇

4.1 创业融资是什么

融资是指资金的整合。狭义的创业融资主要是指企业资金的流入，是企业资本的主要来源。具体而言，是指通过某种渠道从基金持有人处筹集资金，采用某些方式，并支付一定的经济利益。创业者融资是指创业者为企业的生存和发展筹集资金和使用资金的活动。对于创业者来说，融资是贯穿其中的核心任务。每一个创业者都是从一个机会开始，创建最初的企业，从初创企业到成长型企业，再到成熟稳定的企业。在整个过程中，公司需要初始融资，再融资乃至持续融资，以稳定保持企业经营所需的现金流。

创业融资的研究对象是初创企业及其融资行为。具体行为包括如何在某些融资风险下获得资金，同时最大限度地降低融资成本并提高创业公司的价值。根据风险融资种类的不同可划分为多种融资行为，并且风险融资行为的合理性可以通过创业投资的融资结构来体现。

创业融资的特性具体表现在以下几方面：

（1）融资具有市场性

在创业初期，公司自我积累资本有限，无法满足风险投资行业技术创新的高投资需求。从外部市场获得外部融资是不可或缺的手段。

（2）融资具有多元性

为了满足新创业公司的各种融资需求，创业公司需要打开多种渠道，通过多样的融资策略筹集资金。

（3）融资具有组合性

首先，不同的融资方式所面临的融资风险各不相同。其次，创业公司在发展的各个时期面临着不同的技术风险，而投资者则会相应地面临投资风险。技术风险和投资风险的最大化发生在创新过程的早期，中后期风险逐渐下降。根据技术创新风险收益阶段性的特点，创业公司应在融资过程中实行组合融资。因此创业企业采取合理的融资策略，不仅能够减少融资成本，还能降低企业的债务负担。

（4）融资具有社会性

我们知道创业公司的融资需要社会各方的力量，特别是政府的指导和支持。创业公司的发展不仅具有极高的增长和盈利能力，而且能够促进区域经济乃至国家经济的发展。创业公司的融资不能脱离国家、不同机构甚至个人的参与。一个国家的经济社会化程度越高，财务越发达，其企业融资的社会性越强。

4.2 为什么融资

创业者为什么要融资呢？这就需要对融资需求进行研究。

融资的根本目的是获得创业所需的资本。在公司成立和后续运营过程中，由于环境的不确定性与竞争，公司会面临多种挑战，因此在融资方面可能会出现多样的融资需求。初创公司的融资需分阶段进行。蒂蒙斯（Timmons，2002）认为，确定融资需求是任何一个企业在每一个发展阶段和任何一个创业者首先应该考虑的问题，可以通过创业财务战略框架的制定和自有现金流的估算来解决。明确融资需求，能够使创业人向投资者说明所需资本如何帮助企业进一步实现其目标，这是创业者同投资人之间能够达成协议的前提。

除了需求的原始资本外，各阶段融资需求确定的是企业设立之后运营所需要的增量资本、后续资本，关系到新创企业的生存、成长。其中，原始资本是起点，主要来自创业者个人及其团队成员的投入，启动资本受到设立企业必需的资本要求限制，早期阶段中创业者个人及其团队成员的投入，会长久地停留在新创企业的运营过程中并保持数量基本不变，在扩张阶段，创业者是以出让股权进行外部融资，此时的负现金流是创业者进行外部融资时的主要障碍，创业者为了获取种子/创建阶段的融资有可能放弃25%～75%的股权，可能最后只保留10%～20%的企业股权（Timmons，2002）。因此在不同阶段，创业者融资方式的选择变得至关重要，不适宜的融资方式选择有可能导致创业者丧失或不能获得期望的新价值。

初始融资需求在很大程度上取决于创业公司现金和营运资本的管理。资金匮乏难以支持新成立的公司及其初始运营，但过多的资金可能会发出不好的信号。新创业公司中的主要利益相关者要求更高的物质激励措施，如股东和员工。创业公司成立后，企业融资的焦点转向如何满足每个阶段的融资需求，这是关于增量资本和后续资本的问题。各阶段确定的融资需求与公司当时的财务状况有关，并与前一阶段的资本使用效率有关。每个阶段获得的增量资本需要与当时公司的原始资本合并，形成当前的资本组合，用于持续的价值创造过程。在一定程度上，根据每个阶段所需来确定不同的融资需要，这意味着新企业的增长和价值的创造是连续的。

4.3　钱从哪里来

那么，钱从哪里来呢？这里就需要了解创业融资的方式和渠道的相关内容。在现有的环境下，新创企业所处的资本市场以一定的融资渠道和融资方式作为对其融资需求的潜在资本供给。融资渠道指的是企业获取资本的流向，一般包括国家财政资本、银行信贷资本、非银行金融机构资本、其他法人资本、民间资本、企业内部资本和国外资本等。融资方式是指企业获取资金所采取的手段与工具，体现资本的属性和期限，一般包括投入资本、股票、债券、银行借款、商业信用、租赁等。按照不同角度，融资方式通常可以划分为股权融资和债务融资、长期融资和短期融资、内部融资和外部融资、直接融资和间接融资等类型。股权融资指公司通过出售或以其他方式交易公司股票（或股份）获得资金的融资方式，资金提供者通过购买股权的方式成为公司股东，享有股东权利，承担股东义务。债务融资指公司不发生股权变化，投资人将作为债权人获得本金以及所约定的利息。主要的创业融资方式如图 4-1 所示。

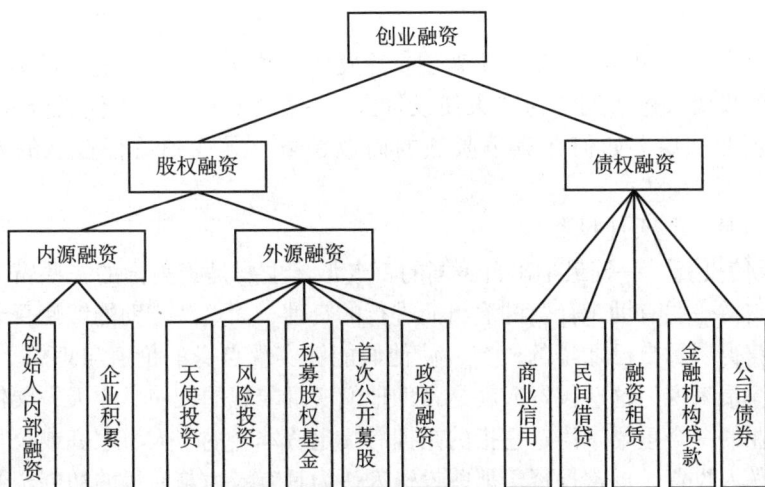

图 4-1 主要的创业融资方式

4.3.1 创始人内部融资

创业者进行内部融资指的是通过亲戚、朋友或同学等进行融资的方式。大多数大学生创业者首先采用这种融资方式初步建立企业，因为由于信息不对称，他们很难像大企业一样从商业银行或是投资公司获得资金。

4.3.2 企业积累

企业积累是新创企业获得的利润留成部分，但是创业企业在初期的收益非常差，只有到现金流为正的时候，才可能成为后续资本的来源。具体包括三种形式：资本金（除股本）、折旧基金转化为重置投资和留存收益转化为新增投资。折旧是以货币形式表现的固定资产在生产过程中发生的有形和无形损耗，它主要用于重置损耗的固定资产的价值。留存收益是企业内源融资的重要组成部分，是企业再投资或债务清偿的主要资金来源。

4.3.3 天使投资——创业企业成长的摇篮

拥有一个好的投资人是一个新创企业发展的基础，而这种能满足早期创业者需求的投资人被人们称为"天使投资人"。那么哪些是"天使投资人"？对早期的企业来说，如何在竞争激烈的商业领域，寻找到适合自己的天使投资人？

（1）什么是天使投资

"天使投资"一词最早出自美国的百老汇，主要是指美国的一些富人为了鼓励、支持一些有助于社会的演出而进行的赞助，而这些赞助能够使百老汇的演员们获得展示自己才华的机会，使他们能够实现自身的价值与理想。因此，对这些演员来说，这些投资人就是帮助他们实现梦想的天使。今天，天使投资是金融业的一个重要术语，它指的是拥有一定资本金的个人、家庭或公司。这是一项私人投资，通常投资于那些投资人认为具有潜力与回报的初创企业。

天使投资人的身份很广泛，可以是曾经的创业者、现在的企业家。这一类人拥有创业经历，能够了解创业者的困境和难处，在条件允许的情况下，他们总是乐意帮助和自己有相同经历的创业者。因此，通常来说，天使投资人是创业早期阶段最佳的融资对象。天使投资人还可以是富翁，抑或高收入人士。这类人的身份很宽泛，他们可能是被投资人的邻居、朋友、同事，甚至是被投资人的家人。总之，他们可以是任何一个愿意为公司投资的社会人士。这类人往往拥有较高的文化素质以及专业技术，对于金融领域也有着相当深刻的理解。他们在投资之前，大多都会较为细致地去了解被投资公司的经营状况、财务状况或是未来发展状况等。他们拥有独特的投资理念和专业的投资知识，因此，在投资时往往表现得较为稳重。

（2）寻找天使投资人

对于刚刚创业、缺乏融资经验的大学生创业者，寻找天使投资人无异于大海捞针、沙里淘金。企业的工作人员忙前忙后，有时甚至忙得焦头烂额，也很难从茫茫的商海之中寻得伯乐。在没有足够资金支持的情况下，一个优质的项目可能会被取消，一个发展前景良好的公司可能会在前期夭折。如何在竞争激烈的商业环境中，找到有意愿进行天使投资的投资人，就成为企业家们不得不考虑的问题。那么我们应该如何去寻找合适的天使投资人呢？

①列一个人际亲密度名单。在寻找天使投资人之前，创业者首先要将自己的人际关系圈中可能对自己项目感兴趣的人员名单都列出来。这一名单不仅包

括潜在投资人的名字，还包括一系列对你的项目或企业发展前景看好并感兴趣的人。这样做有助于你在融资之初就打开融资范围。

首先是和你个人背景相同的人。第一，校友。很多学校的校友都成立了特定的创业投资基金，鼓励本校大学生进行创业活动。创业者应当积极参加社交团体，在毕业之后也要与自己的校友经常联系。校友之间具有相同的文化背景，更容易认同彼此的创业想法。第二，同行之人。对创业者来说，自己的创业项目越是细分，越是垂直化，就越容易发现那些对项目感兴趣的人。创业者可以考虑将一些潜在客户，如金融分析师、投资公司的顾问、行业企业的高层管理者纳入其中，并尝试去接触他们。第三，同职能之人。职能相同的人对彼此的了解程度会更高。销售员喜欢跟其他销售员待在一起，信息工程师喜欢跟其他志同道合的工程师待在一起。对创业者来说，如果可以找到这种志同道合的其他创业者，那么就可以将这些人加入名单当中。第四，融资阶段相近之人。创业者对创业者的帮助也是不可忽视的。如果你身边一位创业者刚刚经历了天使融资，他或许可以给你一些好的建议，或者引荐投资人给你认识。另外，如果你所了解的投资人或者你所认识的投资人并不属于天使投资人，那也应该将他们写进名单之中，因为他们很有可能会介绍其他的投资人给你。

其次是公开的天使投资人名单。这些投资人是最有可能投资项目的一批人，要仔细研究这些天使投资人的背景和投资历史，包括投资人在创业圈中的地位、可以为项目提供的资源、投资历史等。如果发现合拍的天使投资人，要将其重点圈出来，并做好接触投资人的顺序和方案，有策略地进行接触。

②有策略地接触"天使"。

第一，可以找一个可靠的第三方推荐。接触投资人的顺序和方案制定之后，你就可以按照顺序和计划去接触目标了。天使投资人的精力和时间有限，一般只会专注一个或者几个项目。如果创业者与投资人有共同的朋友并且关系还不错，那么不妨找他帮忙，这样你获得投资的概率会大大上升。

聚美优品是徐小平最成功的投资项目之一，为其带来了数千倍的回报。聚美优品创始人陈欧就是通过第三方推荐认识徐小平的。

2006 年底，陈欧为新加坡创业项目游戏对战平台 Garena 寻找投资人的时候，他的斯坦福校友、兰亭集势创始人郭去疾就把陈欧引荐给徐小平。徐小平立即决定投资 50 万美元，占股 10%，但条件是陈欧放弃斯坦福的学业，留在公司全力创业。迫于父母的压力，陈欧选择了继续读书，没有拿徐小平的投资。

两年后，陈欧从斯坦福大学深造回来，又一次遇到徐小平。陈欧简单介绍自己的游戏广告项目后，徐小平没有任何疑问，就向陈欧的项目投资了 18 万美元，甚至将自己在海淀黄庄的房子低价租给陈欧作为办公场地。

对于陈欧来说，天使投资人的这笔投资会显得更加光鲜。用自己的钱创业，别人会觉得你可能是找不到工作，也没啥家底，拿天使投资人的钱是能够将其放大，后面找 A 轮投资会容易些。可见，陈欧找徐小平投钱考虑更多的是对方的名气。

随着创业项目的深入，陈欧发现线上化妆品行业是个不错的发展方向，还不存在权威性的企业。化妆品产品市场开发的三个可行条件有：第一，电子商务在中国的快速发展；第二，生活质量的提高使得人们开始注重护肤，但是随着化妆品需求量的增大，市场上并没有出现一个信誉度高的化妆品网站；第三，从事一份为女性服务的行业减少了行业竞争，对自己有利。

由于公司的流动资金只有几十万元，所以陈欧一边继续做着游戏广告业务，一边上线了团美网（聚美优品前身）。团美网正品平价的形象通过口碑相传，在短期内发展迅速，而后更名为聚美优品。随后，在徐小平的支持下，陈欧将之前的游戏广告业务全部停掉，专注于聚美优品的发展，并且徐小平再次投资了 200 万美元。

陈欧借助朋友的推荐找到他的天使投资人是极其幸运的。如果没有徐小平，谁也不知道会不会有聚美优品。[1]

如果你正在寻找天使投资人，你应当尽可能地将这一信息传播到人际交往的圈子里。不管是你的家人、朋友还是同事，他们都有可能认识天使投资人。只要他们信任你，就会愿意把你引荐给他们认识的天使投资人。对投资人来说，如果你的引荐人恰好是他的熟人，他们会更愿意投资，这就是信任背书的力量。

第二，邮件联系。可以通过邮件，将商业计划书等书面材料发给投资人。只要多寻找、多尝试，总能找到合适的投资人。

---

[1] 根据以下网络公开资料整理：http://product.pconline.com.cn/itbk/people/1509/6904047.html。

第三，咨询律师。可以经常接触并咨询专注金融和知识产权相关领域的律师，因为这类律师会经常与投资人接触并且帮其解决实际问题，对投资界相当熟悉。如果企业能和他们搞好关系，获得一个引荐的机会并不困难。

第四，投资会议。不仅创业者想要获得资金，投资人同样也渴望遇到好的项目。因此，一些好的投资机构会经常举办投资会议来吸引拥有好项目的创业者，即人们常说的商业展览会。创业者可以通过这个平台寻找天使投资人。

第五，已投公司。如果一时联系不到所需的天使投资人，可以先查询一下这些天使投资人投资过的企业，这样不仅能够了解这些投资人的投资偏好和投资额度，还能通过联系这些企业的负责人来获得引荐的可能。

4.3.4　风险投资——中小型企业发展的沃土

风险投资是支持我国中小型企业发展的重要方式，而中小型企业是促进区域经济发展的重要单元。如果中小型企业是一颗颗经济的种子，那么风险投资就是培养这些种子茁壮成长的沃土。那什么是风险投资？如何寻找合适的风险投资呢？

（1）什么是风险投资

风险投资（venture capital）简称 VC。从广义上讲，风险投资泛指一切具有高风险、高潜在收益的投资；从狭义上讲，风险投资是指对以高新技术为主、生产与经营技术密集型产品的投资。美国全美风险投资协会给风险投资的定义是"由职业金融家投入到新兴的、迅速发展的、具有巨大竞争潜力的企业中的一种权益资本"。

（2）如何获得 VC 的青睐

寻找风投与寻找业务合作伙伴同样重要。合适的风投不仅可以为企业提供财务支持，还可以帮助企业获得资源。在企业发展的各个阶段，合适的投资人都会不遗余力地向你提供咨询和建议。

①把价值观与文化的适配性放在第一位。

"我们在此怀着感恩之心与不舍之情向和我们一起走过精彩创业历程的小伙伴们告别！我们把 1 号店看成我们的孩子，倾注了所有的心血和情感，我们吃饭、走路、做梦都想到 1 号店，1 号店是我们的一切，我们用'心'而不仅是用'脑'做 1 号店。"

2015 年 7 月 14 日，1 号店创始人兼董事长于刚发布内部邮件声称离职的消息在商界闹得沸沸扬扬，引起各方唏嘘感叹。之前，业界猜测沃尔玛入股1号店致使于刚离职的传闻被间接证实。

1号店是国内最大的B2C食品电商企业，而创始人于刚却因为资本涌入而被迫离开自己一手创办、付出无数心血的企业。这反映了中国商界创始人与投资人在企业经营管理上的矛盾与冲突。

最初，投资人与创始人的关系处于"蜜月期"，两者共同努力推动着公司向前发展。随着时间的推移，股权占比发生变化，两者在不同的公司发展理念支撑下，在公司未来走向的控制权、话语权等方面产生了不可调和的矛盾。夺权随之而来，你死我活、你去我留成为最终选择。①

1号店的案例给创业者的启示是：在寻找风险投资时，要考虑投资人与公司的价值观及文化的适配性。创始人的目光放得比较长远，不在乎短期收益，希望将公司做出品牌来，增加自己持有股票的账面资产。而一些投资人只在乎短期收益，希望在公司成功上市后套现走人，之后公司的发展便与其不相关了。而且，有的投资人为了保障自己的利益，往往会与创始人签订"对赌协议"或者做出投资竞争对手"双面下注"的行为。

对于初创企业来说，企业文化同样具有重要作用。独特的企业文化可以为创业公司提供支持公司发展的力量。一旦创业者锁定了潜在投资人，他们需要确保他们融入企业文化。企业家可以考虑以下两个问题：投资人是否想参与公司的日常运营？投资人的发展理念与他自己的理念是否一致？

当创业人与投资者见面时，他们中的大多数人处于被动地位。有时候创业者受到投资人的各种问题的轰炸。事实上，创业者也可以向投资人询问一些问题，如"如果您愿意投资我们的公司，您在公司的角色是什么？"了解投资人在其角色中的角色可以有效防止创业者与投资人在企业管理方面的纠纷。

②提前调查VC或机构的背景。在选择VC时，价值观和文化的一致性是十分重要的，而提前调查VC或机构的背景则有助于创业者对投资人做出判断。这时候，一些专业化的服务平台能够为创业者提供相关帮助。中国的创业邦、美国的天使资本协会等都有大量投资人数据资料可供创业者查询。做背景调查时，可以选择投资人曾经参与过的投资企业进行深入访谈，和他们的CEO

---

① 王珍一：《投资人与创始人是什么关系？》，载《时代人物》2015年第8期，第102~105页。

进行交流以获取一些有用的信息。同属于创业者，他们会愿意将自己对投资人的了解告诉你。

看看投资人可以给你多少资源是一项重要内容，如果投资人已经答应为你提供一些资源，那么最好写下这些资源并确保能够实施。一个好的投资人可以将你介绍给很多人，并且可以在你的项目实施中发挥关键作用。

③选择专业懂行的 VC。在调查 VC 或机构背景之后，创业者就可以在此基础上，根据资产和资源的需求选择专业懂行的 VC。投资者不只是为创业人提供资金，他们也有丰富的投资经验。如果创业者能够找到合适的投资人，那么他们不仅仅可以在资金上获得帮助，更重要的是可以在经营甚至一些基础设施的建设方面得到一些意见。许多投资人也将加入公司的董事会。如果投资人和创业者有相同的发展理念，那么他可以为创业者提供建议，并为公司发展指明方向。如果投资人是一个专业和知识渊博的人，那么他将对这个行业进行深入的分析和研究，这样你就可以发现他是真诚地想要投资而不是敷衍。

如果投资者是大型风险投资公司，也可以从他们的组织结构中看出他们是否专业。一些大型风险投资公司有专门的管理部门，主要负责处理公司的外部信息和各种投资组合。对创业公司而言，处理外部信息的风险投资公司可以帮助创业者获得相关信息，而处理投资组合的人员则更加了解该行业，并可以帮助创业者优化公司的部门组合，促进企业发展。所以，面对大型风险投资公司时，企业家应该抓住机会，因为他们非常专业且知识渊博。

4.3.5　政府融资——创业企业的免费皇粮

为了鼓励创新和支持新创企业，政府计划为新创企业提供资金，特别是在重点行业发展的创业企业。政府融资主要形式是设立各种专项资金。这些专项资金主要包括技术风险资金、投资基金、中小企业技术创新基金、中小企业信用担保基金和中小企业发展基金等，并且通过税收优惠、财政补贴、政府项目资金、贷款担保等多种形式进行补贴。

4.3.6　企业间商业信用

企业间商业信用指在企业买卖商品的交易中，买方延期付款或卖方延期交货而形成的一种借贷关系，以"应付款"的形式从供应商那里获得赊销商品，不但避免了通过融资再购买投入品的过程，而且几乎没有融资成本，完全凭借企业间的信任来获取。它是企业间的一种直接信用关系，是目前中小企业商品交易中最典型、最常见的商业信用形式。

4.3.7 民间借贷——最容易但风险最高的融资渠道

相比于其他融资方式，民间借贷是一种较容易获得发展资金的方式。对企业和个人来说，民间借贷的优点有很多，比如具有流程简单、形式灵活、获得资金的效率高、渠道较广泛以及操作较便捷等特点，但是也存在一些问题：缺乏监管和保护，容易造成民事纠纷；借贷期限短，容易导致资金链断裂；容易引发资金恶性循环等。这种融资方式一般应用于创业初期。

4.3.8 金融机构借款

金融机构借款包括短期金融机构贷款、中期金融机构贷款和长期金融机构贷款。具体方式有以下四种：一是抵押贷款，是指企业以一定的财产作为抵押从银行获取资金的贷款方式。二是信用借贷，是指企业无须任何抵押物，而是凭借自身的信用向银行等机构进行借款。三是担保贷款，是指以某企业或机构为担保，银行等投资机构为其所担保的企业提供贷款。四是贴现贷款，是指企业在现金流不足急需资金的情况下，通过将未到期的商业票据折价换取银行现金的行为。和成熟企业相比，新创企业既没有大量可变现的抵押物，也没有持续稳定的经营绩效，根据"麦克米伦缺陷"，在一般情况下，新创企业获得商业银行融资的机会明显少于成熟企业。同其他融资方式相比，银行贷款一般要提供抵押（担保）品，还要有不低于30%的自融资金。由于要按期还本付息，如果企业经营状况不好，就有可能导致财务危机。银行借款虽然限制条件较多，但其利息支出可以在税前抵扣，融资成本低，运营良好的企业在债务到期时可以续贷。所以新创企业有必要主动与金融机构建立持久的银企关系，有利于企业未来获得贷款限额的增加和利率水平的优惠。

4.3.9 公司债券——创业者最喜欢的融资方式

公司债券融资是企业为了获取资金，向投资者发行债券，使其能够在一定期限内获取本金与利息并作为债权人享有权利的行为。公司债券通常用于大型投资项目的一次性大笔长期资本的筹措，完全依靠即将运行的企业及其产生的现金流作为偿还债务的能力而提供的无担保债务，是一种基于现金流的负债。同在公开市场发行股票融资一样，发行债券的企业需要满足一定的条件，是新创企业发展到一定程度时可以利用的融资方式。债券融资成本低，对股东的控制权没有影响，具有调整资本结构的作用，但是风险高、数量有限。

4.4 大学生创业融资难点

当前，虽然大学生创业者能够获得资金的方式与渠道较多，但在实践中，他们在创业融资时所面临的困难仍然是多种多样的，如银行贷款需要抵押，家庭、朋友的财力有限。一些学者的研究已经发现，现在大学生创业者的融资方式已经选择以私人资本融资为主，并且比例还在进一步增加（张宇、关仁涛，2013）。

4.4.1 大学生创业融资面临的困难

第一，融资渠道狭窄，方式单一。根据全球创业观察（GEM）中国报告所示，与全球其他国家和地区对比，中国创业者更难从商业银行等金融机构取得资金。造成这种现象的因素很多。据了解，大学生创业者融资渠道通常包括向亲友借款、风险投资和银行贷款。在这些类型的渠道中，大学生创业者主要依靠关系网络。由于大学生社会资本少，社会网络结构简单，大部分初始风险投资只能来自亲友，不利于公司的长期发展。风险投资的最佳来源——风险投资仍处于探索阶段，风险投资人普遍青睐高科技企业，很少关注其他类型的业务。而且，由于法律等原因，风险投资行业仍然缺乏有效的管理体制和退出机制。这些问题严重制约了中国风险投资行业的发展和成长。

第二，现有融资机制不完善，持续融资难以维持。完善的融资机制应包括从初创期开始到成熟期这一个较长的时间段内企业可以持续不断地获得资金，而不仅仅是给予创业初期的启动资金（晏文胜、陈述，2004）。创业是一种有利于整个社会发展的行为。它不应该只得到政府的支持，社会中的所有人都应该看到创业积极的影响力并给予大力支持。但就目前情况而言，政府对创业融资的支持力度不够，政府主办的风险投资基金和专项基金存在进入壁垒和低覆盖率等问题。企业无法有效地获得政府的财政支持，从事技术研发等活动，从而降低了创业的成功率。社会组织和个人创办的风险投资基金数量少、门槛高，小企业难以申请。银行等金融机构主要考察的目标是盈利能力与风险的把控，对风险较大、规模较小、缺乏足够有形资产的风险资金贷款，其抵押担保和信用评级受到严格控制。此外，无论采用何种融资方式，融资的审查和程序都非常烦琐，对于初创企业都十分不利。

第三，融资风险增加。大学生创业本身是一件风险很高的事情。在融资之前，如果创业者没有对项目进行全面、科学、严谨的可行性评估，这将给投资人带来很大的风险。创业者对投资人不负责任的行为会导致回报率低，影响后续投资人的信心，不利于企业的长期发展。目前，我国大学生创业项目评估机制尚不完善，投资人缺乏对投资企业的科学综合评估。这种信息不对称的出现使投资人无法了解大学生创业企业的真实经营状况和财务状况。大学生不能向投资人证明自己项目的可行性。另外，创业团队之间的信任危机也将不利于公司持续筹集资金。即使大学生创业企业可以获得更多投资，在创业初期，业务不稳定现象也时有发生。一旦业务状况不佳，企业无法偿还贷款，就会进一步增加公司的财务风险。

4.4.2 大学生创业如何应对融资困境

第一，增加项目的创新性。首先是对项目的选择。创业与创新是不可分割的，但目前大部分大学生创业项目都不够创新。许多大学生想要在创业时减少风险并减少投资。他们从传统、成熟和低技术行业开始，如餐饮和其他服务行业。虽然这些行业似乎有较高的利润率和较小的风险，但从根本上说，它们需要复杂的社会网络和社会资本。这些资源不是大学生所拥有的。大学生应该关注创业项目的创新性。例如，他们可以从商业模式的角度对公司产品和服务进行创新。其次是对投资人和项目进行合理的评估。在创业初期，大学生创业者要尽量与了解行业并对项目感兴趣的投资人接触。他们接近创业者的经营理念，可以为项目融资提供渠道或指导，有效支持公司的发展。在投资项目评估方面，需要建立大学生创业项目评估机构，向社会金融机构提供公平的评估报告，减少投资人对信息不对称造成的投资焦虑，从而实现金融一体化。

第二，提升企业的财务管理水平。企业融资前，创业者应考虑企业融资的必要性、融资后的投资收益、融资收益和成本比例。经过对这些因素的综合考虑和比较后，企业才可确定是否需要融资、融资的形式、融资的规模等问题。创建阶段的主要融资方式有自有资金、风险投资和政府投资；成长阶段的主要融资方式有风险投资；加速成长阶段的主要融资方式有风险投资、投资公司、私人投资；成熟阶段的主要融资方式有风险投资、银行贷款、债券融资和上市融资（Adelman & Alan，2002）。因此，创业者应综合考虑资金用途、风险偏好和企业的生命成长周期等各种因素后，合理确定不同阶段企业的融资规模与融资期限。

第三，建立募集资金使用的监督制约机制。首先，在使用融资资金的过程中，应确保公司的融资资金用于合理用途，公司应及时向投资人发布财务报表，减少信息不对称，赢得投资人信任，建立良好的关系。其次，创业者需要整合创业资源，充分利用和整合企业拥有的一般资源，形成核心竞争力，并建立有效的管理团队，降低经营风险，大幅提升业绩，吸引更多投资。

大学生创业融资 Q&A

第一问：在创业的各个阶段，创业者可以采用什么融资策略？

融资策略即是融资渠道和融资方式的配合。处于不同阶段的企业，对资金的需求不同，建议采用的融资方式和融资渠道也不一样。

根据美国风险投资界的定义，风险企业的成长会经历四个阶段，即种子期、初创期、扩展期和成熟期。面对创业企业家的资本需求，创业资本家多采取在创业企业生命周期的若干阶段分批注入的方式，以通过重复博弈，保留在任何阶段放弃投资和进行清算的期权。而且，创业资本家本身的目的并不是想拥有创业企业，他会选择在创业企业发展的某一阶段介入，并且在适宜的时候退出。而对于创业企业家来说，分阶段融资策略可以使其在创业企业中拥有较多的股份，维持在发展的任何阶段对创业企业的控制权。

1. 种子期

该阶段基本上没有产品，创业者或者由于有一笔资金，或者由于有了一个市场机会，或者只是有一种创业的冲动而开始经营。产品的发明者或创业者需要投入相当的资金进行开发研究，以验证其创意的可行性。开发研究是运用基础研究和应用研究的成果，为开发新产品、新工艺、新设备而开展研究工作，其成果是样品、样机，同时形成完整的工业生产方案。

　　由于企业可能还处在孕育阶段，不具备相应的法人结构，对资金的需求主要体现为企业的开办费用、可行性研究费用、一定程度的技术研发费用。总体而言，这些活动所需资金较少，因此很大一部分投资人选择了内部融资策略。在这个阶段，风险投资人提供的管理咨询服务和其他增值服务特别有价值，其丰富的行业和投资管理经验以及人际网络为企业的生存提供了机会。这也从另一个角度解释了为什么早期阶段的风险投资数额小，但是所占股权比例很大。种子期的风险投资适合人员密集型的投资基金。在这个阶段，除了内部融资外，天使投资也是创业者经常选择的融资方式。如果你的项目能够获得政府部门的支持，从而拿到政府资金的支持，也不失为一个好的选择。由于在此阶段企业的固定资产数量很小，难以向银行等金融机构借款，因此利用向金融机构进行短期或者长期贷款的方式融资在此阶段并不适用。

2. 初创期

　　这一阶段，企业已经有了一个处于初级阶段的产品，一旦产品开发成功，创业家为了实现产品的经济价值，就会着手成立企业并进行试生产。在这个时期里，对资金的需求主要体现为企业的销售费用、生产运营费用、管理费用、固定资产投资、流动资金的保证等。通常，刚刚开始营运的公司对资金的需求较大，而销售收入带来的现金回流则非常有限。由于其处于产品市场开拓阶段，因而其市场占有率较低、拥有的资产规模较小、无盈利记录和抵押与担保能力，但对资金的需求急迫且需求量较大，能否获得足够的资金占领市场存在较大的不确定性。

　　可以看出，在这个时期，由于要打开市场、建立生产基地和销售渠道，需要很多资金，风险投资人在这一轮投资的资金投入也会相应增加。因此在这个阶段，企业主要以风险投资类型的融资为主。由于在初创期企业稍具规模，一些企业可以通过抵押或是担保的方式向银行进行短期贷款。在这个阶段，各方面的不确定性依然很多，因此不适合进行长期贷款以及债务融资。

3. 扩展期

　　经历了创立期的发展，企业逐步形成相关的能力，产品和服务日渐得到市场的认可，产品和服务的销售收入增长迅速，创业企业必将开始实现规模运营，加大营销力度，扩大市场的份额和规模，这些正是成长期的发展重点。

　　在这个时期里，对资金的需求主要体现在企业的规模营运资金、扩大固定资产的投资、扩大流动资金的保证、增大营销的投入等方面。产品已进入市场，企业销售收入、现金流入量极不稳定，要使产品开发趋于成熟并得到消费者的认可还需要投入大量的资金，因而其对资金的需求相应增大。由于技术和市场的不确定性仍然较大，决定了创业企业面临的风险较高，但逐步降低。

此时，企业已经具备了一定的资产规模，拥有一定的资产可以抵押或者获得关联企业的担保，此时利用银行借贷资本已成为可能。创业企业乐于使用银行贷款的理由不仅仅在于所需资金规模庞大以及负债融资所特有的杠杆利益，更重要的是，负债融资不会像私人股权资本那样使创业家的权益大幅度稀释，更不易造成控制权的丧失。正是这一点，最终决定了创业家对债务融资如金融机构短期贷款、金融机构中长期贷款的偏好。当然，在这一时期企业已有相当的盈利能力，通过自身财富的积累能够满足一些融资的需求，一些企业有意愿放弃分红和转增公积金，而是将这部分利润预留作为企业的现金流，满足企业的发展需求。同时，在这一阶段企业依然会尝试寻找合适的投资机构或私募基金来增加企业发展所需的资金，此时企业估值较高，出让部分股权便能获取不小数量的资金。

4. 成熟期

企业产品得到市场认可，销售迅速增长，市场占有率的迅速提高给企业带来了高额利润，企业的生产能力不断追加，扩张阶段意味着无论从销售、财务方面，还是管理上，企业都承受着快速成长带来的压力。如果能够度过这个阶段，实现向专业化的转变，那么创业企业就能实现蜕变，发展壮大成为一个大企业或成熟企业。

企业资本扩张成为这一时期企业发展的内在需要，因而其资金需求的提升及其经营规模的扩大成为此阶段融资需求的重要特征。从风险的角度看，随着资产规模的迅速扩大和技术开发的相对成熟，其面临的市场风险和技术风险大大降低，同时企业的盈利能力和抵押能力的迅速提高增强了创业企业抗风险能力。

企业由于享有一定的商誉，拥有一定的资产可以抵押或者获得关联企业的担保，因此依靠抵押或者信用可以向金融机构进行长期贷款或者进行融资租赁。在这一时期，企业的自身盈利能力较强，资金积累较多，很多情况下企业并不需要外源融资就能满足融资需求。一些企业为了为 IPO 做准备可能会进一步扩大生产规模与盈利能力，并吸收一些私募股权基金的融资，此时投资人所占股权的比例将会很小。并且，一些股东尤其是控股股东为防止股权被稀释，通常采用债券融资的形式筹集资金，此时企业的偿债能力很高，出现债务风险的概率较小。

融资方式不同，融资成本也不一样，创业企业在融资过程中要做到在合适的时间、以合适的方式和融资结构找到高效、低成本的资金（如图 4 - 2 所示）。

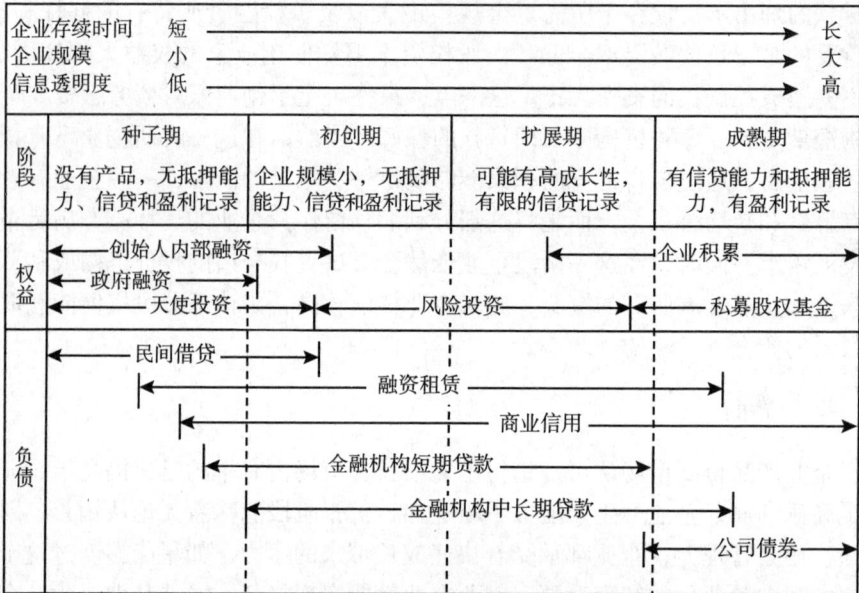

企业存续时间	短			长
企业规模	小			大
信息透明度	低			高

阶段	种子期	初创期	扩展期	成熟期
	没有产品，无抵押能力、信贷和盈利记录	企业规模小，无抵押能力、信贷和盈利记录	可能有高成长性，有限的信贷记录	有信贷能力和抵押能力，有盈利记录
权益	创始人内部融资 政府融资 天使投资		风险投资 企业积累	企业积累 私募股权基金
负债	民间借贷 融资租赁 商业信用 金融机构短期贷款 金融机构中长期贷款			公司债券

图 4 - 2　创业企业生命周期与融资方式选择

资料来源：改编自 Berger A. N. , Udell G. F. The economics of small business finance：The roles of private equity and debt markets in the financial growth cycle, *Journal of Banking and Finance*, 1998（22）：612 - 673.

亚信公司的创业融资

亚信于 1993 年底由几位中国留学生创建于美国达拉斯，并在 1995 年开始发展在中国的业务。在进入中国的近五年里，亚信为用户提供了近百项计算机网络工程和大量的应用软件产品，其中包括中国四大骨干网：中国电信（ChinaNet）、中国联通（UnitNet）、中国网通（CNCNet）以及中国移动 IP 骨干网（CMNet）。这些工程项目为中国因特网产业的飞速发展奠定了基础，同时也确立了亚信在中国因特网建设领域的领导地位。为此，亚信被誉为中国的因特网建筑师。1999 年，亚信被世界经济论坛评选为全球 500 家高速成长的企业之一。2000 年 3 月，亚信在美国纳斯达克成功上市，成为首家在美国上市的中国因特网企业。

亚信公司从成立至今主要经历了以下几次融资：

（1）天使融资

1993 年，"信息高速公路"概念在美国一经出现，长期在美国大学从事应用网络研究的田溯宁博士就敏感地意识到了因特网对于整个社会经济的战略意义，他立即在《光明日报》上刊发长文《美国信息高速公路计划对中国现代化的意义》，提醒大家重视因特网。不久，田溯宁和他的伙伴看到一个商机——利用因特网技术，将中国企业及中国经济发展的信息介绍给美国，同时将美国经济及美国企业的信息传递给中国。

决心创业后，田溯宁就不停地奔波于华尔街一些投资公司之间，向这些投资公司介绍发展中国高新技术所带来的光辉前景，但希望得到资金支持的要求总是被拒绝。这些丝毫没有动摇田溯宁的信心和决心。后经人介绍，田溯宁与著名华侨、地产开发商刘耀伦先生结识，一直有让祖国高新技术产业跟上世界水平心愿的刘耀伦先生慨然允诺，欣然同意为田溯宁办公司投资。虽然同意了投资，但是他却提出了几个要求：一是将来必须回国工作；二是只能做高技术而不能搞房地产。1994 年，以刘耀伦先生 50 万美元的创业基金为基础，由田溯宁等几名中国留学生在美国达拉斯创建的公司——亚信公司正式成立了，刘耀伦担任董事长。

（2）不规范的一次创业融资

由于公司内部的原因和美国外在的因特网氛围，亚信决定离开美国，放弃经济信息服务业务，回到中国投身中国因特网基础建设。这也是亚信第一次改变商业模式。1995 年 3 月，亚信公司转移到北京，希望率先将网络技术引入中国。亚信的创业者回国后不久，遇到了一个好机会，美国 Sprint 公司正在负责建设 ChinaNET，考虑到亚信公司在美国曾做过一年的因特网信息服务，便把北京、上海的两个节点工程转包给亚信公司，这使亚信公司从此进入因特网系统集成领域。随后，国内的深圳证券所网、ChinaNET 骨干网、各地省网以及上海热线等工程纷纷找上门来，从而奠定了亚信在中国做网络集成服务的地位。

亚信业务开展起来后，公司开始聘请更多的人，资金需求增大，第一笔 50 万美元的投资基本上花得差不多了。亚信遇到了任何一家公司高速发展时都会碰到的难题，这就是资金非常紧张。虽然田溯宁等人终于在归国后的一年签了 200 多万美元的合同，但流动资金仍严重短缺。于是，他们想到去融资。首先他们想找银行贷款，但遭到拒绝，原因是亚信没有什么可以作为担保的资产。被逼无奈之下，田溯宁等人想将公司合同抵押给银行来贷款，没想到银行还是以没有固定资产担保为理由加以拒绝。他们只好去找朋友借钱，他们认识了当时的万通实业集团总裁兼万通国际集团董事长王功权（现在是 IDG 技术创业投资基金的合伙人），王功权对亚信的创业者很支持，同意给亚信投资 25 万美元，并占 8% 的股份。但是，在投资给亚信之后，王功权随即遇到了一个难题，就是万通董事会对创业投资概念并不理解。当时，董事会中就有人质疑：投资亚信每年无分红，而亚信除了几台电脑外没有什么资产，这不是相当于拿钱给别人玩嘛！在董事会集体的压力下，王功权要证明这次投资有利可图的唯一办法就是把这个股份卖掉，看看它是否能增值。当时董事会也希望王功权卖掉股份：既然赚钱了，王功权又不懂技术，那为什么还不快卖？这样王功权在投资 8 个月之后，不得不提出撤资，亚信也只好同意。当时亚信还不起钱，又借了一年。最后亚信一共花了 50 万美元回购万通国际在亚信的股份。

这件事对亚信打击很大。这次融资整个过程的不规范性，导致亚信的创业者自己也不清楚公司到底有什么问题。他们感到很困惑：为什么找不到那种认可他们所做事情同时又愿意与他们共担风险的人？

（3）正式的创业投资引入

亚信在国内的业务开展起来后，很快碰到了资金紧张的问题，而亚信找银行借贷却处处碰壁。更为重要的是，亚信做系统集成业务，常常需要垫付大量的设备款，流动资金占用很大；同时，亚信在快速发展过程中出现了很多管理上的问题，急需外部的帮助。由于田溯宁、丁健等创业者在美国待了多年，目睹了创业投资对美国高科技企业发展的重要作用，自然而然地把目光投向了创业投资基金。根据他们在美国的经验，高科技企业必须依靠资本市场才能抢占先机，否则仅靠自己的积累，将会丧失许多宝贵的机遇。中国尚没有面向高新技术企业的资本市场，贷款困难且成本较高；如果能够获得国外创业投资，那么公司不仅能够得到资金的支持，更能得到随着创业投资而来的附加价值。创业投资和一般的融资所带来的资金差别巨大，因为创业投资有可能给企业带来更多的管理经验、合作伙伴和市场机会。

由于亚信公司的创业者同创业投资公司（以下统称为 VC）接触甚少，因此，亚信希望通过中介机构的帮助吸引创业投资。1996 年底，亚信公司在中国的因特网市场上已崭露头角，吸引了一些创业投资中介机构的注意。实际上，亚信公司作为国内快速成长的高新技术企业，早就吸引了美国著名投资银行——罗伯森·斯帝文思公司（Robertson Stephens & Company，RSC）的目光。后来，双方达成协议，由 RSC 作为亚信融资的中介，并由其负责中国业务的冯波具体负责这件事。在 RSC 的帮助下，亚信创业者完善了公司的商业计划，确定了创业投资公司选择的目标并进行了接触筛选，最后选定 Warburg Pincus（华平）、ChinaVest（中国创业投资有限公司，简称中创）、Fidelity（富达）三家作为其投资人。

（4）引入英特尔资本公司的战略投资

亚信 1997 年年底通过从华平、中创、富达 3 家 VC 融资 1800 万美元和融资后企业的重组取得了很大的进步。不过这些成功仍然不能满足公司当年 200% 的增长幅度。亚信需要为正处于萌芽状态的软件业务（主要是计费软件和电子邮件软件）投入大笔资金。当时企业还未实现盈利，要维持企业业务的高速发展，必须再融资。当时，首次公开上市（IPO）对于网络公司是一个通行的方式。亚信早在 1999 年 4 月就开始认真考虑挂牌上市问题。幸运的是，在 IPO 计划付诸实施之前，英特尔资本公司（Intel Capital）表示愿意对亚信进行投资。

英特尔资本公司对亚信进行了严格的考察和评估后，决定投资。在这个过程中，英特尔资本公司的法律人员极其审慎严谨。亚信向他们提供了成箱的文件，仅财务报告一项就有 1500 页。他们逐个推敲细节。双方经过谈判，最终达成投资协议。英特尔资本公司投资 2000 万美元，占亚信 8% 的股份，其投资于 1999 年 8 月顺利进入亚信的账户。

另外，VC 仍然同意亚信的创业者和管理层在此轮融资后向 12 家机构投资人（其中包括华平）出售了一小部分股份，以使创业者们感受到创业辛苦后的价值兑现，不过每个人出售的比例仍不能超过其所持有股票的 3%。这一出售于 1999 年 11 月完成，共计 620 万美元。

得到英特尔资本公司的创业投资后，亚信不再面临银根吃紧问题，财务风险也大大降低，而业务发展则如虎添翼——系统集成业务继续扩大，而软件业务也大幅度增长，其收入占公司总收入的比重超过 1/3，而两年前它只是公司很小的一个业务。另外，从英特尔资本公司融资的所有努力是值得的——与英特尔资本公司打交道后，亚信已经准备好 IPO 所需的所有材料。①

第二问：寻找融资前，你需要准备什么？

1. 心理层面上的准备

在寻求投资人融资之前，创业者需要做好心理准备。如果创业者的心理素质很差，并且没有什么融资技巧，说服投资人投资将变得十分困难。在与投资人会面讨论该项目之前，创业者应该在以下 4 个方面做好心理准备。

（1）准备应对投资人的提问

向投资人寻求融资的创业者非常多，这时投资人会对创业者提出一连串难以回答的问题。投资人经常问到的问题有："你做了什么东西？跟别人做的有什么不同？功能是什么？你的东西能为用户创造什么样的价值？你的目标用户是谁？用户为什么要用你的东西？"如果创业者在进行融资之前没有一点儿心理准备，那通常会让现场气氛变得尴尬。准备充分的创业者可以自信地应对各种提问，并赢得投资人的青睐。几乎所有的创业者都认为他们已经对自己的项目以及所做的工作十分了解，但是当他们回答投资人的问题时，他们往往讲不明白。因此，创业者应该高度重视并做好充分准备。此外，创业者可以要求一些勇于发言的专业顾问或专家来模拟这种质疑过程，以便他们能够考虑得更全面。创业者需要尽可能以最短的时间和最低的成本为投资人提供核心价值观点，他们必须充分互动才能相互了解。因此，创业者需要知道投资人最关心的信息，以便他们能够做好准备。需要准备的具体材料在下一节中介绍。

（2）准备应对投资人的怀疑

也许你已经对自己所取得的小成就感到非常满意，但投资人仍然对你有所

---

① 根据以下网络公开资料整理：https://www.sohu.com/a/234540106_100189011。

怀疑，并质疑你的管理能力以及项目的可行性。如果投资人说"我认为你的愿景过于梦幻"，这位骄傲的企业家可能反应过度并质疑投资人："你什么都不知道，凭什么这样说？"结果可想而知，创业者可能会被赶出去。事实上，这种怀疑在面对投资人时是很常见的。这种怀疑构成投资人在检查计划中评判这一项目是否值得投资的重要部分，因此创业者们应该认真对待。

优信拍是一家二手车在线拍卖公司，成立于 2011 年 8 月，由优信互联（北京）信息技术有限公司运营。2013 年 4 月，优信拍获得了君联资本、DCM、贝塔斯曼（BAI）以及腾讯产业共赢基金等投资机构的 3000 万美元 A 轮融资；2014 年 9 月，优信拍获得华平投资、老虎环球基金等多家投资机构投资的 2.6 亿美元 B 轮融资；2015 年 3 月，优信拍获得百度领投，KKR、Coatue 等投资机构跟投的 1.7 亿美元 C 轮融资，华兴资本担任独家财务顾问。优信拍的融资之路可谓非常顺利，而且投资人名单上个个都是顶级投资机构。优信拍之所以能够得到众多顶级投资机构的青睐，与优信拍的 CEO 戴琨和 CFO 曾真两位创业高管有直接关系。戴琨与曾真每次与投资人谈融资的时候，即便投资人的问题非常无厘头，他们也会像老师教育学生一样循循善诱，将事情分析得非常透彻，让非专业的投资人都能听懂他们的项目。另外，他们还非常幽默，在与投资人解释问题的时候穿插一些搞笑的段子，让投资人听得非常开心。有人甚至将 DCM 投资优信拍的原因归结为"我太喜欢戴琨了，我就要投资他"。这足以表明戴琨的魅力。[1]

通过分析优信拍的案例，我们总结出创业者面对投资人怀疑的方法。

首先，耐心应对怀疑。耐心是创业者应当具备的优秀品质。在某种程度上，投资人的怀疑意味着他对这个项目感兴趣。投资人表示怀疑并不是什么严重的问题。你应该向他解释你所看到的但是投资人没有意识到的部分。

其次，不能夸大投资回报。随着谈判的深入，创业者将会与投资者讨论公司的核心问题，即财务预测。然而，大多数创业者并不熟悉财务数据和预测，如商业模式、创业团队、市场形势、竞争环境、目标消费群体等。创业者应该实事求是，不能夸大投资人的投资回报，否则会增加投资者怀疑的可能性。此外，一旦投资人在尽职调查中发现创业者曾表示回报只是海市蜃楼，投资计划

---

[1]　根据以下网络公开资料整理：http://www.100ec.cn/detail－6238013.html。

就可能搁浅。如果创业者实事求是，就会得到投资人的充分肯定和认可，并继续投资。

投资人的怀疑并不可怕，可怕的是创业者本身对项目也没有把握。这样，一旦投资人提出怀疑，就可能无言以对，从而证实投资人的怀疑是没有错的。结果可想而知，投资人不会投资一个创业者本身就没有什么把握的项目。

（3）准备向投资人做出妥协

创业者应当清楚，自己的目标与投资人的目标很可能是不同的。因此，在正式谈判之前，创业者应当做好准备：为了拿到投资人的钱，我可以做出的最大妥协是什么。一般情况下，投资人不愁找不到好的项目来投资，所以投资人不会轻易做出妥协，而创业者做出一定的妥协是有必要的。在融资谈判中，妥协与坚持都非常重要，因此，创业者应该事先明确未来的发展方向，理清项目融资的核心目标。对妥协程度做到心中有数，这样才可以避免因小失大，为一些并不重要的利益而毁掉整个项目的融资进程。

2. 企业估值的准备

公司估值是投融资、交易的核心。一家投资机构将一笔资金投入企业后，应该占有的股份或权益首先取决于企业的价值。每个公司都有其自身价值，价值评估是资本市场参与者对一个公司在特定阶段价值的判断。尤其是对初创公司的估值，更是一个独特的、有重大意义的工作，其过程和方法通常是专业性和灵活性相结合。公司估值有一些定量的方法，但操作过程中要考虑到一些定性的因素。创业企业在融资前首先要对公司的价值有一个大概的把握。以下是最常用的几种估值方法。

（1）可比公司法

首先，要挑选与非上市公司同行业并且业务和规模差不多的参照公司，以参照公司的股价和财务数据为标准，计算出主要财务比率，然后用这些比率作为市场价格乘数来推断目标公司的价值，比如 P/E（市盈率法）、P/S 法（价格/销售额）。目前，在国内的 VC 市场中，P/E 法是比较常见的估值方法。通常我们所说的上市公司市盈率有两种：一是历史市盈率，即当前市值/公司上一个财务年度的利润（或前 12 个月的利润）；二是预测市盈率，即当前市值/公司当前财务年度的利润（或未来 12 个月的利润）。P/E 法估值就是：公司价值 = 预测市盈率 × 公司未来 12 个月利润。公司未来 12 个月的利润可以通过公司的财务预测进行计算，那么估值的最大问题就在于如何确定预测市盈率了。通常，预测市盈率是历史市盈率的一个折扣。

（2）可比交易法

可比交易法就是挑选与初创公司同行业，并且在估值前一段时期被投资、并购的公司，基于融资或并购交易的定价依据作为参考，从中获取有用的财务或非财务数据，求出一些相应的融资价格乘数，据此评估目标公司。例如，C公司刚刚获得融资，D 公司的业务领域与 C 公司相同，经营规模（如销量）比 C 公司大一倍，那么投资人对 D 公司的估值应该比 C 公司估值高一倍左右。

可比交易法不对市场价值进行分析，而只是统计同类公司融资并购价格的平均溢价水平，再用这个溢价水平计算出目标公司的价值。如分众传媒在并购框架传媒和聚众传媒的时候，一方面以分众传媒的市场参数为依据，另一方面框架传媒的估值可以作为聚众传媒的估值依据。

（3）现金流折现

这是一种较为成熟的估值方法，通过预测公司未来自由现金流和资本成本，对公司未来自由现金流进行贴现，未来现金流的现值就可以作为公司的价值。

贴现率是处理预测风险的最有效的方法，因为初创公司的预测现金流有很大的不确定性，其贴现率比成熟公司的贴现率要高得多。寻求种子资金的初创公司的资本成本也许在 50% ~ 100%，初级阶段的创业公司的资本成本为 40% ~ 60%，后期阶段的创业公司的资本成本为 30% ~ 50%，而有最成熟的经营记录的公司，资本成本为 10% ~ 25%。这种方法比较适用于较为成熟、偏后期的私有公司或上市公司，比如凯雷收购徐工集团就是采用这种估值方法。

（4）资产法

资产法是假设一个稳重的投资人不会支付超过与目标公司同样效用的资产的收购成本，比如中海油竞购尤尼科就是根据其石油储量对公司进行估值。这个方法给出了最现实的数据，通常是以公司发展所支出的资金为基础。其不足之处在于假定价值等同于使用的资金，投资人没有考虑与公司运营相关的所有隐性价值。另外，资产法没有考虑到未来预测经济收益的价值。所以，资产法对公司估值的准确度是最低的。

3. 融资材料方面的准备

（1）商业计划书

商业计划书（business plan，BP）是创业者与投资人建立联系的载体。投资人通过商业计划书的内容对创业团队和创业项目做出初步判断，这一判断直接决定了投资人是否想要与创业者面谈。商业计划书的内容目录如下：

目　录

其中，一份优质的商业计划书必须包含七大要素，即产品/业务、商业模式、市场分析、团队情况、运营/财务数据、融资规划、融资退出机制。不同的商业计划书可以根据要素在不同项目中的重要性安排顺序，越是重要的内容越应当排在前面。

①产品/业务：做什么，定位和痛点是什么。描述产品/业务是商业计划书中的第一项内容，主要介绍团队做的是什么、产品定位和痛点是什么。

阿里尔·杰克森（Arielle Jackson）曾在谷歌公司工作了9年，他认为："市场上的产品有很多，但是用户需求是有限的。创业者只需要针对一个用户痛点，满足这部分用户的需求。"业内流传着一个陈述产品的公式，这个公式是这样的：产品的存在针对×××人群＋描述潜在用户人群＋产品属于×××类别＋核心卖点＋与竞争对手产品的主要区别。这个框架可以对产品/业务做出尽可能清晰的定位。当然，创业者还要提前做一些准备工作，如思考以下问题以便对产品的描述更加具体：产品/业务的工作方式与竞争商品有何不同？选择这种工作方式的理由是什么？潜在用户的最大范围是什么（刚开始可以宽泛一些，然后再努力形容得更具体一些，最后描述出专属于你的典型用户）？目标用户的痛点是什么？目标用户会因为痛点产生什么样的情绪？其他竞争对手是如何解决相关问题的（对比自身与竞争对手彼此的长处和短处）？

亚马逊早期的定位陈述是非常典型的：针对互联网用户，那些热爱书的人。亚马逊是一家零售书商，能够即时提供超过 110 万种书。与传统书籍零售商不同的是，亚马逊的优势在于便捷、价格低廉和选择多样化。

除了亚马逊外，还有一个定位精准的全球著名品牌——哈雷戴维森（Harley-Davidson），这是全球闻名的摩托车品牌，它是这样描述自己的：唯一一家可以制造出重型、有巨大轰鸣声的摩托车制造商，主要针对美国具有男子气概的男人以及哈雷戴维森的崇拜者。在这个缺乏个人自由的年代，哈雷戴维森可以帮助用户重温西部牛仔梦。而哈雷戴维森的宣传词则为："American by birth. Rebel by choice（生在美国，选择叛逆）。"①

产品名字、品牌信息以及产品特征都源自产品定位，所以投资人非常看重这部分内容。要做好产品定位。首先，看目标市场。目标市场就是对市场进行细分后选择的市场，即明白产品是给谁用的（who）。其次，找出用户痛点。产品所满足的用户需求对应的就是用户痛点。简单地说，痛点就是用户在正常的生活中遭遇的麻烦、纠结和抱怨，如果不能将问题解决，他们就会陷入一种负面情绪中，产生痛苦。因此，用户需要一种解决方案化解自己的痛点，使自己的生活状态恢复正常。产品就是因为化解了用户痛点才被用户所使用。最后，分析差异化价值点。差异化价值点就是对目标市场需求、产品以及竞争对手产品定位进行综合考量，提炼出产品的独特价值点。分析产品的差异化价值点实际上是在考虑产品的特性，以及如何与其他营销属性结合的问题（which）。

产品定位与四种因素有关：产品、企业、用户和竞争者，即产品的特性、企业的资源、用户的需求与偏好、竞争对手的市场位置。创业者需要将这四种因素结合在一起考虑，然后准确描述自己的产品/业务。

②商业模式：怎么做，怎么盈利。投资人的投资目的是获得财富增值，所以产品的商业模式是投资人格外关注的一部分内容。在这部分，我们需要说明项目的核心业务流程是什么，近期和远期的盈利模式分别是什么，包括现有客户及潜在客户、运营策略、市场推广战略及销售渠道、战略合作伙伴、盈利模

---

① 根据以下网络公开资料整理：https：//www. amazon. cn/；https：//www. harley-davidson. com/cn/zh/index. html。

式等内容。

商业模式的本质是"利润＝收入－成本"。在互联网时代，这一公式需要站在长期的视角来考虑。也就是说，项目在当前可以不赚钱，但是在未来必须赚钱，还要赚大钱。创业者则要想清楚如何向投资人说明项目会在未来能赚钱，并且能够赚大钱。

③市场分析：知己知彼，百战不殆。企业在做市场调研和销售预测的时候，首先要分析市场现状，包括产品所在行业国内外发展现状、产品市场动态以及客户规模等内容；其次要客观公正地分析市场上所有竞争对手的优势与劣势，可以描述其产品如何、使用了怎样的销售战略、目前拥有多少市场份额等。在此基础上，要向投资人详细说明本企业相对于市场上每一个竞争者所具有的显著优点，目的是要让投资人相信融资者的企业在市场上有非常强的竞争力。一定要阐明竞争者给本企业带来的潜在危险以及本企业所采取的应对措施——作为合格的融资者，必须要有制伏竞争者的切实可行的战略，而不是想当然的空想。

④团队情况：我为什么能做好。通过产品方面的基本信息，投资人已经基本认可了你的产品。接下来，你需要向投资人证明为什么这个产品只有你可以做好。

首先，介绍创业团队的优势。这里要向投资人展示明确的管理目标和团队机构图，并介绍整个管理团队的职责、目标以及核心成员的特点和管理者对公司所做的贡献。另外，很多风险投资人对团队的整体素质非常关心，所以，下面几个问题需要涉及：创业者是否是团队的灵魂，是否具备相应的素质，这个团队的目标是否明确、信念是否坚定，团队是否具有强大的向心力并且始终如一地努力追求事业成功，团队的竞争力如何以及是否非常了解市场并善于开发潜在市场等。

其次，介绍项目所在行业情况。对投资人来说，项目所在市场的前景好坏在很大程度上影响着投资人的投资决定。原因很简单，市场在未来5～10年的变化是好是坏基本上可以预测，在这一基础上，只要选择靠谱的创业团队，然后投入资金就能保证股权升值。什么样的行业情况容易受到投资人的关注呢？市场空间足够大，可以容纳百亿级别的上市公司。要想知道市场空间的大小，就必须分析当前市场已有上市公司的情况。如果你的经验足够丰富，你应当知道最好的创业机会来自与上市公司形成业务服务互补或是目标客户群体的差异化之处。

天奇阿米巴基金投资内容创业服务平台新榜时，其创始合伙人严天亦是这样说的："越来越多的创业公司选择在微信、微博和其他第三方平台上发展，而不是马上就开始自己发布一个应用软件（App）。这种模式必然需要一个中立权威的数据平台，新榜横跨多平台的数据统计恰恰是一个非常好的选择。另外，建立在先发优势的基础上，新榜后期有很多衍生服务可能性，这些服务会提供很多宝贵的Know-How（专有技术）。"[1]

总而言之，团队越是优秀，市场越大，项目就越吸引人。一个明星创业团队加上亿级的需求，就算商业模式还不明确也是非常吸引投资人的，因为有用户就有转化！

⑤运营/财务数据：里程碑数据有哪些。运营/财务数据包括注册用户数量、活跃用户数量、网站人均浏览次数、官微粉丝数、传播效果、收入、利润、平均客单价等。运营/财务数据是商业计划中最有说服力的数据，是产品以外最直观的体验。

创业者可能会因为开始阶段的用户量、访问量小而不愿意引用数据。事实上，找出四五个关键数据可以加深投资人的印象，这比单单用文字说明会有用得多。具体如何披露运营/财务数据，创业者可以根据保密性要求选择适当披露。

⑥融资规划：融资金额和融资用途。充分说明以上各部分内容并得到投资人的初步认可之后，就可以开始提钱的事情了。本部分需要向投资人说明你的融资规划，具体包括融资金额和融资用途。

关于融资金额，需要具体到数值、美元还是人民币。关于融资用途，需要细化到具体项目。这部分内容需要创业者根据审慎思考的业务拓展计划制定具体的资金分配方案，需要充分体现创业者的战略规划能力，同时也需要体现创业者花钱的能力。

一般情况下，创业者可以将融资金额说清楚，但是对于融资用途则说得不够细致。融资用途应当是资金到位后公司未来3~5年的发展规划，花钱的节奏和花钱的结果都应当一目了然。创业团队拿到融资后有三大用途：一是开展项目，扩张公司业务。大多数创业者进行融资的目的都是扩张公司业

① 根据以下网络公开资料整理：http://www.gywb.cn/content/2015-10/14/content_3966582.html。

务，提升市场份额。在这部分，应当写清楚具体的财务规划，如采购原料花费、广告投入花费、租用场地花费等。二是升级核心团队。大多数创业者都知道拿钱扩张公司业务，但是很容易忽视的一点就是升级核心团队。假如你的公司处在发展的重要转折期，但是创业团队保持不变，发展速度很容易受到限制。所以，你应当做的是花钱请"牛人"加入你的团队。三是探索商业模式。商业模式没有最优，只有更优。所以创业团队需要始终不忘优化和升级商业模式。与此同时，还需要检查商业模式优化和升级的效果，否则钱就是浪费了。

⑦融资退出机制。投资人退出资本的方式主要有4种：企业上市、股权转让、回购、清算。企业上市是投资人最理想的退出方式，可以实现投资回报最大化。企业上市之后，股票可以在证券交易所自由交易，股东只需卖出股票即可。飙升的股价和更高的估值使得上市成为众多投资人梦想的退出方式。然而，上市虽好，但是对企业资质要求较严格，手续比较烦琐，成本过大。大部分创业公司都不会向投资人保证企业一定能上市，但是投资人看准项目后更愿意赌一把。

股权转让是指投资人将自己持有的股权和股东权益有偿转让给他人，从而实现股权变现的退出方式。根据股权交易主体不同，股份转让分为离岸股权交易和国内股权交易。

回购是指投资人可以通过股东回购或者管理层收购的方式退出。回购价格的计算方式有两种：

一是按投资人持有股权的比例计算，相当于待回购股权对应的投资款加上投资人完成增资出资义务之日起每年以复利率计算的投资回报，加上每年累计的、应向投资人支付但未支付的所有未分配利润（其中不满一年的红利按照当年红利的相应部分计算金额）的资金额。

二是由投资人和代表公司50%及以上投票权的股东共同认可的独立第三方评估机构评估的待回购股权的公允市场价格。如投资人要求，待回购股权的价格可根据红利派发、资本重组和其他类似情况经双方协商进行相应调整。通常情况下，股东回购的退出方式并不理想，只是保证了当目标公司发展不好时，投资人所投资金可以安全退出。

创业者不会希望自己的公司发生清算，投资人也不希望发生这种事，因为通过公司清算来退出投资是投资人获益最少的退出方式。但如果公司经营失败或者其他原因导致上市、股权转让等不可能时，投资人就只能通过这种方式退出。

（2）融资路演 PPT

融资路演即指效仿证券业的路演方式来为自己筹集资金的方式。其主要是通过路演的方式与各个潜在投资人就公司项目进行讲解与说明，以达到融资的目的。通常情况下，投资人每天看到的计划书和接触的项目很多，甚至有的投资人一天能阅读上百份商业计划书，所以他们筛选项目时，往往只能凭借一些市场份额、盈利水平等硬性指标，很难了解项目的精彩之处。这就造成了很多优质的企业与投资人擦肩而过，徒留遗憾。而路演正好可以解决这些问题，可以让投资人在安静的环境里，在创业者声情并茂的展示下，真正读懂企业的项目，从而做出更为准确的判断。特别是一些技术性强的项目，融资路演更能减少出现投资人看不懂和不理解项目的情况。企业也可以通过自己的精辟讲解以及与投资人之间的交流，快速对接自己的项目，减少融资之路上的弯路。

俗话说："工欲善其事，必先利其器。"创业者在融资路演的时候准备一份制作精良的 PPT 能起到事半功倍的效果。PPT 的制作和路演一样，要有计划性和条理性，每一页的内容都要遵从一定的规范，力求条理清晰，表述清楚，好让投资人可以更直观地了解企业的项目和企业内部情况。其具体目录如下：

目　　录

1. 项目名称
2. 市场痛点
3. 产品优势
4. 核心技术
5. 行业状况
6. 商业模式
7. 企业概况
8. 团队成员
9. 财务状况
10. 融资需求

以下是 PPT 制作的具体规划和流程：

第 1 页：本页只是要让投资人对创业公司和创业者产生印象，所以这里只要写清楚品牌名称和创始人姓名、身份就可以了。另外，也可以利用剩余的空间对自己做一个简单介绍，但要注意去繁存简，避免啰唆。

第 2 ~ 6 页：这一部分要直奔主题，告诉投资人你的产品能解决什么样的问题，因为这是占据市场份额的保障。对于产品的介绍和作用，可以采用分条目的形式在 PPT 中一一列出。

第 7~18 页：这些内容是对上一页内容的补充，主要介绍产品或者创意是怎样解决问题的，如何获得良好的用户体验，产品是否成熟，整个业务能否流畅地进行以及会遇到哪些难以跨越的障碍。这部分 PPT 不要单纯使用文字说明，最好能用图文或者图标的形式，再配合数据来增加内容的真实性和直观性。总之，要让投资人知道你们公司已经可以解决几乎所有出现的难题了。

第 19~25 页：内容要围绕竞争展开，首先要把本公司的竞争优势和产品优势罗列出来，最好能用数据说明，如在销售额、顾客数、市场规模等量化的方面明显超越对手。还要注意解答下面几个问题："你的核心竞争力在哪里？""为什么别人都做不到而你却做到了？""为什么你最终会超越竞争对手？"这些问题回答得好会为路演锦上添花，反之就会被投资人认为是不切实际的空谈。

第 26~33 页：这几页是经营过程的回顾，主要问题是"已经做了什么"。因为创业者不可能只拿着一个创意就来融资，起码要用已有的营运数据证明自己的思路是可行的，业务流程是科学的，用户的体验度也是良好的。还有一点就是，公司曾经的合作伙伴以及上级或下级经销商也要提及。这样做的目的只有一个，让投资人明白你已经在该行业做出了一定的成绩，融资只是要让企业更上一层楼。这几页可以用纯文字说明，最好配合路演者的语言解说。

第 34~37 页：这些内容主要是对团队的介绍，如果第 1 页是对自己的简单介绍，那么这几页就是对自己和团队的详细介绍。介绍时，主要围绕团队执行力、团队成员职责、团队的管理和向心力等展开分析，重点强调团队没有短板且成员各司其职、人尽其才。需要注意的是，与项目无关的经历要抹去，以免分散投资人的注意力。

第 38~43 页：主要进行财务估计，最后几页的重点就不是项目了，而是资金的运用，最好要直截了当地说明融资是为了什么、有了融资能在几年内实现怎样的增长、融资到手后怎样分配、下一阶段的融资额等。特别要强调的是，一定不要让投资人认为创业者融资的原因是资金周转不开了，应让投资人觉得是追求企业更快的增长。

而要完成一场成功的商业路演，大学生创业者需要注意以下几个方面的问题：

一是目标：在融资路演中，创业者应时刻牢记自己要达到的目标，概括来说就是："把事说明白""充分展现团队风采""恰当留白"。

二是时间：时间是路演中唯一的客观变量，最佳的策略就是恰到好处，将时间利用率最大化，而对于不易把握时间的路演新手来说，精简就好。

三是内容：要把一个融资故事讲好，需要在有限的时间内涵盖团队、产品及商业计划书内的主要内容，而路演者往往过于依赖 PPT。一场路演相当于一次演讲，创业者需兼顾感性和理性、情怀和商业，才能引发聆听者的共鸣。因此路演者需要适当脱离 PPT 的束缚，凝练演讲内容，抓大放小，把区别于其他路演者的优势重点传递给投资人。

第三问：创业融资过程中会有哪些融资风险？应该如何管理？

融资风险是指创业企业参与融资活动而带来的不确定性。这包括两个层次：一是创业企业可能丧失偿债能力的风险；二是由于举债而可能导致创业企业股东的利益遭受损失的风险。融资成本和融资风险构成创业融资决策的两大基本问题。企业融资风险分析需要解决好融资风险和融资成本、收益的关系。由于融资方式不同，因而融资成本、融资后项目取得的收益以及融资风险都有可能不一样。

1. 融资风险产生的原因分析

企业融资风险的形成既有举债本身因素的作用，也有举债之外因素的作用。前一类因素称为融资风险的内因，后一类因素称为融资风险的外因。

（1）融资风险的内因分析

①负债规模过大。负债规模是指企业负债总额的大小或负债在资金总额中所占比例的高低。企业负债规模大，利息费用支出增加，由于收益降低而导致丧失偿付能力或破产的可能性也增大。同时，负债比重越高，企业的财务杠杆系数越大，股东收益变化的幅度也随之增加，所以负债规模越大，财务风险越大。

②资本结构不当。这是指企业资本总额中自有资本和借入资本比例不恰当对收益产生负面影响而形成的财务风险。企业借入资本比例越大，资产负债率越高，财务杠杆利益越大，伴随其产生的财务风险也就越大。合理地利用债务融资，控制好债务资本与权益资本之间的比例关系，对于企业降低综合资本成本、获取财务杠杆利益和降低财务风险是非常关键的。

③筹资方式选择不当。目前在我国，可供企业选择的筹资方式主要有银行贷款、发行股票、发行债券、融资租赁和商业信用。不同的举债筹资方式，取得资金的难易程度不同，资本成本水平不一，对企业的约束程度不同，从而对企业收益的影响也是不同的，如果选择不恰当，就会增加企业的额外费用，减少企业的应得利益，影响企业的资金周转，从而形成财务风险。

④负债的利息率。在同样负债规模的条件下，负债的利息率越高，企业所负担的利息费用支出就越多，企业的偿付风险就越大，企业的破产风险也就越大。同时，负债的利息率对股东收益的变动幅度也有较大影响。因为在息税前利润一定的情况下，负债的利息率越高，财务杠杆作用越大，股东收益受影响的程度也越大。

⑤信用交易策略不当。在现代社会中，企业间广泛存在着商业信用。如果对往来企业资信评估不够全面而采取了信用期限较长的收款政策，就会使大批应收账款长期挂账。若没有切实、有效的催收措施，企业就会缺乏足够的流动资金来进行再投资或偿还到期债务，从而增大企业的财务风险。

⑥负债期限结构不当。这一方面是指短期负债和长期负债的安排，另一方面是指取得资金和偿还负债的时间安排。如果负债期限结构安排不合理，如应筹集长期资金却采用了短期借款，或者应筹集短期资金却采用了长期借款，则会增大企业的筹资风险。原因有三点：第一，如果企业使用长期负债来筹资，利息费用在相当长的时期将固定不变，但如果企业用短期负债来筹资，则利息费用会有很大幅度的波动。第二，如果企业大量举借短期资金，将短期资金用于长期资产，则当短期资金到期时，可能会出现难以筹措到足够的现金来偿还短期借款的风险。此时，若债权人由于企业财务状况差而不愿意将短期借款延期，则企业有可能被迫宣告破产。第三，举借长期资金的融资速度慢，取得成本较高，而且还会有一定的限制性条款。所以在举债时也要考虑债务到期的时间安排及举债方式的选择，使企业在债务偿还期不至于因资金周转出现困难而无法偿还到期债务。

⑦筹资顺序安排不当。这种风险主要针对股份有限公司而言。在筹资顺序上，要求债务融资必须置于流通股融资之后，并注意保持间隔期。如果发行时间、筹资顺序不当，则必然会加大筹资风险，对企业造成不利影响。

⑧币种结构不当。各国的经济、政治等情况会影响其货币的保值问题，因此企业的币种结构也会影响到企业债务风险的程度。若币种结构选择不当，则要承担汇率波动的风险，从而影响企业偿还债务的能力。

（2）融资风险的外因分析

①经营风险。经营风险是企业生产经营活动本身所固有的风险，其直接表现为企业息税前利润的不确定性。经营风险不同于融资风险，但又影响融资风险。当企业完全采用股权融资时，经营风险即为企业的总风险，完全由股东均摊。当企业采用股权融资和债务融资时，由于财务杠杆对股东收益的扩张性作用，股东收益的波动性会更大，所承担的风险将大于经营风险，其差额即为筹资风险。如果企业经营不善，营业利润不足以支付利息费用，则不仅股东收益化为泡影，而且要用股本支付利息，严重时企业将丧失偿债能力，被迫宣告破产。

②预期现金流入量和资产的流动性。负债的本息一般要求以现金偿还，因此，即使企业的盈利状况良好，但其能否按合同规定偿还本息，还要看企业预期的现金流入量是否足额、及时和资产流动性的强弱。现金流入量反映的是现实的偿债能力，资产的流动性反映的是潜在的偿债能力。如果企业投资决策失误或信用政策过宽，不能足额、及时地实现预期的现金流入量以支付到期的借款本息，就会面临财务危机。此时，企业为了防止破产可以变现其资产。各种资产的流动性（变现能力）是不一样的，其中库存现金的流动性最强，固定资产的变现能力最弱。企业资产的整体流动性，即各类资产在资产总额中所占比重，对企业的财务风险影响甚大，很多企业破产不是因为没有资产，而是因为其资产不能在较短时间内变现，结果不能按时偿还债务而宣告破产。

③金融市场。金融市场是资金融通的场所。企业负债经营要受金融市场的影响，如负债的利息率就取决于取得借款时金融市场的资金供求情况。金融市场的波动，如利率、汇率的变动，会导致企业的筹资风险。除此之外，金融政策的调整也是影响企业融资风险的重要因素。当企业主要采取短期贷款方式融资时，如遇到金融紧缩、银根抽紧、短期借款利率大幅度上升，就会引起利息费用剧增、利润下降，更有甚者，一些企业由于无法支付高昂的利息费用而破产清算。

融资风险的内因和外因相互联系、相互作用，共同诱发融资风险。一方面，经营风险、预期现金流入量和资产的流动性及金融市场等因素的影响，只有在企业负债经营的条件下，才有可能导致企业的融资风险，而且负债比率越大，负债利息越高，负债的期限结构越不合理，企业的融资风险越大。另一方面，虽然企业的负债比率较高，但如果企业已进入平稳发展阶段，经营风险较小，且金融市场的波动不大，那么企业的融资风险相对就较小。

2. 融资风险管理——"对赌协议"

"对赌协议"又称价值调整机制（valuation adjustment mechanism），其实质是一种期权的形式。对赌协议是投资方与融资方在达成投资协议时，双方对于未来不确定情况的一种约定。如果约定的条件出现，投资方可以行使一种权利；如果约定的条件不出现，融资方则行使一种权利（徐光远，2011）。

（1）"对赌协议"包含的要素

"对赌协议"所包含的要素主要有以下几个方面：

①"对赌协议"的双方主体。签署"对赌协议"的双方包括投资方与融资方。投资方通常为一些私募股权基金，融资方多为高成长的民营企业。

②"对赌协议"的目的是融资。"对赌协议"主要考察的是企业的业绩，假设企业在期限内完成了相应的业绩指标，投资方将按照事先的约定价格注入资本或出让一部分股份给管理层。如果企业未能在期限内完成相应的业绩指标，管理层反而需要将约定的股权转让给投资方。

常见的"对赌协议"条款如表4-1所示。

表4-1   常见"对赌协议"条款

	达到目标	未达到目标
财务绩效	通常会规定如企业完成净收入指标，则投资进行第二轮注资	如企业收入未达标，则管理层转让规定数额的股权给投资方；或企业资产净值未达到目标，则投资方有权增加相应的董事会席位
非财务绩效	通常会规定如企业的市场份额增长到约定的目标，则管理层可获得期权认购权	如企业完成了新的战略合作或取得了新的专利权，则投资方进行第二轮注资
赎回补偿	若企业能按约定回购投资方股权，则投资方在董事会席位或累积股息将被降低	若企业无法按约定回购投资方股权，则投资方在董事会席位或累积股息将被提高

	达到目标	未达到目标
企业行为	若企业销售部或市场部采用了新的技术，则投资方转让规定数额的股权给管理层	若企业无法在一定期限聘任新的 CEO，投资方在董事会获得多数席位
管理层方向	管理层在职，则投资方可进行第二轮追加投资	如管理层被解雇，则失去未到期的员工股

资料来源：邓辉、张怡超：《创业法学》，复旦大学出版社 2015 年版。

（2）签署"对赌协议"时的注意事项

在签署"对赌协议"时，我们应该注意哪些事项呢？

①配合投资方做好尽职调查。企业管理层必须是非常了解本企业和行业的管理专家，能够对企业的经营状况和发展前景做出较为准确的判断。企业管理者公开透明地向投资方开放企业信息，在双方共赢的前提下设定"对赌"。同样，投资方应认真地进行尽职调查，而不是仅凭"对赌"机制来保护自身利益，规避风险，这样反而会面临更大的风险。

②合理定价，了解目标差距。企业家有一个很大的优点，就是很有激情。但投资人给出预测确实比较难，他们对企业的要求也许不只是盈利数字，有的还有用户量的指标。在这种情况下，应尽早把价格定得比较合理。对于融资方的企业管理层来说，全面分析企业综合实力，设定有把握的对赌标准，是维护自己利益的关键渠道。企业管理层除了准确判断企业自身的发展状况外，还必须对整个行业的发展态势，如行业情况、竞争者情况、核心竞争力等有良好的把握，才能在与机构投资人的谈判中掌握主动。

③事先约定弹性标准。"对赌"企业未来业绩，可以约定一个向下浮动的弹性标准。而且在上市方面，也可以跟投资人谈弹性的约定，比如企业达到上市条件，但不愿上市，可以讨论增加利息允许企业回购股权。在"对赌协议"中一定要主动调低双方的预期，尽可能为目标企业留足灵活进退、自主经营的空间，才是明智之举。

"永乐电器"对赌风云

2004 年，在家电连锁市场"市场份额第一位、盈利能力第二位"的竞争格局下，跑马圈地的能力取决于各自的财力。相比而言，国美与苏宁先后在港股及 A 股实现上市，打通了资本市场的融资渠道，因而有力支持了各自的市场扩张。

而未实现上市的永乐电器在资金供给上则困难多了，为了配合自己的市场扩张，永乐电器的创始人陈晓转而开始寻求私募股权基金（PE）的支持。经过大半年的洽谈，永乐电器最终于 2005 年 1 月获得摩根士丹利及鼎晖的 5000 万美元联合投资。其中，摩根士丹利投资 4300 万美元，占股 23.53%；鼎晖投资 700 万美元，占股 3.83%。

正是这次融资，让陈晓与包括摩根士丹利及鼎晖在内的资本方签下了一纸"对赌协议"，规定了永乐电器 2007 年净利润的实现目标，陈晓方面则需要根据实现情况向资本方出让股权或者获得股权。陈晓要想在这场赌局中不赔股权，意味着他在 2007 年至少要完成 6.75 亿元的净利润指标。问题是，摩根士丹利设立的利润指标是否合理？永乐电器 2002~2004 年的净利润分别为 2820 万元、1.48 亿元和 2.12 亿元，显然这个盈利水平与 6.75 亿元的目标还差得太远。而摩根士丹利的理由是，永乐电器过去几年的净利润增长速度一直保持在 50% 以上，按照这样的速度计算，2007 年实现 6.75 亿元的目标不存在太大的困难。

获得融资之后的陈晓，明显加快了在全国扩张的步伐。一方面强势扩张自营连锁店，另一方面大肆收购同行。2005 年 5~7 月之间，永乐迅速收购了河南通利、厦门灿坤、厦门思文等地域性家电连锁品牌。

2005 年 10 月 14 日，永乐电器登陆香港联交所完成 IPO，融资超过 10 亿港元。但是，在企业上市的表面光鲜背后，陈晓开始明显感觉到经营寒流的到来，其跨地域扩张的困局开始初现端倪。上市一个月之后，永乐电器无奈对外承认"外地发展不顺"的事实。其 2005 年全年净利虽然由 2004 年的 2.12 亿元大幅增加至 3.21 亿元，但是其单位面积销售额却下降了 2.8%、毛利率下降了 0.6%。

2006 年 4 月 24 日，永乐公告披露"预计上半年的利润低于去年同期"。此消息发布之后，永乐电器的股价毫无悬念地连续下挫。永乐的投资人摩根士丹利也在此期间立刻减持了手中 50% 的永乐股票。

此时牵动陈晓神经的，或许已不再是股价的下挫以及摩根士丹利的套现，而是一年前签下的那纸"对赌协议"。按照永乐电器披露的业绩预警，2006 年的全年业绩很可能低于 2005 年的 3.21 亿元，那么 2007 年要实现 6.75 亿元净利润的希望就会变得非常渺茫，这就意味着陈晓要赔 3%~6% 的企业股权给摩根士丹利。

　　有没有什么方法可以快速增加企业的盈利？这个问题，陈晓从2006 年年初开始就一直在琢磨。2006 年 7 月 25 日，国美与永乐正式对外公布了合并方案：国美电器通过"现金 + 股票"的方式，以52.68 亿港元的代价全资收购永乐电器，收购完成之后，原永乐的股东全部转变成国美的股东，而永乐则成为国美的全资子公司并从香港联交所退市。

　　2006 年 8 月 14 日，永乐电器公布了该年的半年报，上半年永乐最终获利 1501.8 万元，相比 2005 年同期净利润 1.4 亿元，跌幅高达 89%。

　　随着永乐 90% 以上的股东接受国美的要约收购，永乐电器退市已成定局，永乐方面承诺的以永乐电器股票与大中进行资本层面股权置换已无法兑现，永乐接受国美要约收购直接构成对大中的违约，最终导致双方合作中止。

　　2006 年 11 月，陈晓低调出任国美电器总裁。虽然他在国美拥有少量股权（不足 4%），但显然已经不再是当年永乐时代一言九鼎的大股东了，而更像是黄光裕所聘请的职业经理人。①

本章习题

1. 你怎么看待创业融资？请举几个典型的创业融资的案例。
2. 大学生创业常用的融资方式有哪些？在创业的各阶段应该怎样选择不同的融资方式？

参 考 文 献

[1] 王巍：《中国大学生创业融资制度创新研究》，吉林大学博士学位论文，2011 年。

[2] 孙宁：《社会网络对新创企业融资方式及其绩效的影响研究》，武汉大学博士学位论文，2012 年。

---

① 根据以下网络公开资料整理：http://pe.pedaily.cn/201602/20160201393132.shtml。

[3] 黄方辉：《青年创业初期融资渠道研究》，吉林大学硕士学位论文，2017年。

[4] 晏文胜：《创业融资的机理研究》，武汉理工大学博士学位论文，2004年。

[5] 苗淑娟：《融资方式对新创企业绩效的影响研究》，吉林大学博士学位论文，2007年。

[6] 郭伟威：《大学生创业融资模式研究》，山西财经大学硕士学位论文，2010年。

[7] 杨伟明：《创业企业融资策略研究》，吉林大学硕士学位论文，2007年。

[8] 刘琼：《基于资源观的新创企业创业融资过程研究》，吉林大学硕士学位论文，2009年。

[9] 李淑娟：《中国企业债务融资结构研究》，苏州大学博士学位论文，2009年。

[10] 萧端：《我国中小企业融资顺序及影响因素研究》，暨南大学博士学位论文，2010年。

[11] 徐晓音：《我国中小企业融资方式选择影响因素研究》，华中科技大学博士学位论文，2010年。

[12] 王国红、唐丽艳：《创业与企业成长》，清华大学出版社2010年版。

[13] 邓辉：《创业法学》，复旦大学出版社2015年版。

[14] 布拉德·菲尔德、杰森·门德尔松著，桂曙光译：《风投的技术——创业融资及条款清单大揭秘》，机械工业出版社2010年版。

[15] 杰弗里·巴斯更著，王正林译：《创业，如何搞定风投》，中信出版社2016年版。

[16] 林汶奎：《从零开始学融资》，现代出版社2016年版。

[17] 比尔·费舍尔著，郭杰群等译：《创业融资，从一个好故事开始》，中信出版社2015年版。

[18] 廖连中：《企业融资：从天使投资到IPO》，清华大学出版社2017年版。

[19] 徐光远：《创业企业签订"对赌协议"的风险控制》，载《科技资讯》2011年第1期。

第5章

成长：创业企业去向何方

经过前面的四个阶段，我们可能会觉得万事俱备，只差一个完美的结局，但很可惜，此时并不是结束，而只是企业成长的开始。在这里，我们要开始了解创业企业如何成长。就像人的成长一样，企业的成长也会经历几个重要的阶段，如何顺利地带领企业走过这些阶段就是我们需要考虑的问题。

在这一章，我们首先要认识企业成长及其客观规律，并且学会利用知识产权管理和利益相关者管理来帮助企业成长。同时，对于创业企业的未来，我们要有一个客观的认识，成功与失败都是一次经历，能够从经历中收获知识才是关键。

理 论 篇

5.1 企业成长——从量变到质变

企业成长这个话题，一直以来都是人们关注的焦点。企业成长的思想起源，最早可以追溯到古典经济学中，亚当·斯密（Adam Smith）在《国富论》中提出分工的主要目的就是为了实现专业化，从而提高劳动人员的工作熟练度，促进劳动生产率水平不断提高。同时，他还提出分工协作以及专业化能够不断推动企业成长，进而实现社会整体的快速发展。随后，众多的古典经济学家就开始了对企业成长这一概念的深入研究。总结起来，在古典经济学的范畴内，企业成长可以被视为企业在其生产经营过程中所实现的规模的不断增长。随后，新古典经济学兴起，在这个理论框架内的企业成长大多被表述为一个黑箱，将所有企业都看成是拥有相同的运行机制和行为特点的组织，不考虑企业内部的差异性，企业成长的主要指标还是落在了企业规模的不断扩大上，企业通过对内外部产生的众多需求的变化进行感知，进而不断地进行调整，在调整的过程中实现规模的变化和扩展。

企业成长的实质是一个自然选择的过程，在这个选择中强调适者生存。基于传统的企业理论进行分析可知，企业成长的根本目的就是为了实现企业利润的最大化。随着对企业成长的相关研究的不断增加，现代企业成长的概念得到了进一步的拓展，不再局限于对利润和规模的追求，而是将企业的社会效益也纳入进来，主要体现为现代企业是在经济性和社会性的目标指引下，为了实现企业的生存和发展，企业进行与自身的资源和能力以及组织结构等相适应的规模扩张行为。

5.2 企业生命周期——企业成长的规律

绝大多数企业在成长的过程中都遵循一些客观规律，主要表现为企业成长的生命周期，在企业成长的过程中要经历引入、早期成长、持续成长、成熟和衰退等几个阶段，并且由于每个阶段的特点不同，导致创业者在对每个阶段的企业进行管理时所使用的方法也不尽相同。

5.2.1 引入阶段

引入阶段是创业企业成长的早期阶段，创业者在这一阶段的主要任务就是对企业的关键资源和核心能力有一个全面的认识，同时要开始将企业的产品或服务推向市场。企业由于处于创业初期，还没有形成规范的管理制度和流程，因此在这个阶段中，创业者需要参与到日常的工作中去进行指导和决策。同时，处于这个阶段的企业的主要任务是要能够让企业的产品或服务被消费者接受，同时，在这个阶段的创业者需要放慢脚步，在进行产品的生产和推广的过程中要尽可能尝试多种不同的产品，通过比较这些产品在市场上的表现，并将其整个过程进行记录，从而在下一个阶段中对产品结构进行调整和改进，逐渐适应消费者的需求。

5.2.2 早期成长阶段

这个阶段的企业开始实现收入的增长，创业者在考虑产品能否被市场所接受的同时，也开始考虑如何扩大产品在市场中的份额等问题。尽管这个阶段的企业仍然没有建立起管理的制度和规范，但创业者不会再参与企业的各项活动，而是集中精力对企业的运营流程进行设置。处在这个阶段的创业者需要做两件事：第一件事是要转变自身的角色。前一阶段的创业者更多的是充当师傅的角色，手把手地教导员工进行具体的操作，在这一阶段，创业者要真正成为管理者。创业者不能停留在产品的生产和销售等日常的工作层面，而是要开始思考企业如何发展、如何经营、如何管理等问题。第二件事是要建立一套企业的制度。企业只有实现规范化管理才能够保证其良好地运行，创业者需要建立一套流程和相关的制度来指导员工，通过这些规范化的制度体系帮助员工树立起独立工作的理念，以实现没有管理者参与的情况下也能够保证工作的高效完成。

5.2.3 持续成长阶段

企业在上一个阶段获得了一定的成长，在这个阶段，企业会继续成长，并且成长速度会逐渐加快。处于这个阶段的企业一般已经建立起相应的结构和制度，创业者需要考虑的问题是要在企业现有的资源和能力的基础上，如何开发、获取和利用更多的资源和能力。企业在这时已经意识到只有不断地进行创新才能够实现可持续发展，因此企业会增强研发能力或者通过合作的方式进行新产品的开发和推广，同时为了充分获取其他企业的关键资源，会与一些供应商、客户和竞争企业建立起共生关系，通过建立这种关系，可以实现企业之间的资源共享和信息交流，从而不断推动企业的发展。创业者在这个阶段需要做出几个关键性的决策，主要包括：首先，需要对目前的管理团队和所有者进行审视，判断其是否能够适应企业未来的发展需要；其次，企业目前的组织结构和规章制度是否能够适应外界环境的变化，是否具有足够的灵活性和适应性；最后，企业的下一个创新产品或服务是否能够实现，创新所需的资源和能力能否通过企业内外部进行获取。

5.2.4　成熟阶段

当企业进入成熟阶段后，其发展速度就会减慢，企业在这个阶段的任务是如何提升企业的经营效率。由于企业的创新速度缓慢，因此其关注点不应该落在如何去开发全新的产品，而是如何研发并销售当前的产品以及其下一代产品。管理者在这个阶段需要通过一定的方式来调动员工的积极性和工作热情。同时，为了拓展企业的生命周期，可以与发展良好的企业建立联盟关系。

5.2.5　衰退阶段

企业不可避免地会进入衰退期或者下降期。有许多企业能够在市场上存活很长时间，是因为它们不断地根据消费者的需求调整产品的结构，从而适应企业外部环境的变化。但是，企业的管理者必须认识到，企业的产品终将会被其他新型的产品所替代，如果企业想要避免衰退，其管理者就需要具备对外部环境变化的警觉性，对外部环境中潜在的机会和威胁有充分的认识，并能够获得适应外部环境变化的资源和能力。

5.3　知识产权管理——为企业创新保驾护航

一直以来，企业的成长总会受到企业内部因素的影响，这些内部因素往往是决定企业成长的关键，为企业成长提供源源不断的动力。随着知识经济的发展和全球一体化进程的加快，企业的知识产权成为企业发展过程中不容忽视的关键资源，以知识产权为代表的这些无形资产将逐渐取代有形资产在企业中的关键地位，因此，如何对企业的知识产权进行管理就成为企业成长过程中的一项关键举措。

IBM 作为一家百年企业，拥有的发明技术已超过 3 万件，IBM 公司在知识产权管理这一问题上一直秉承高度集权模式。IBM 拥有庞大的知识产权管理机构，在总公司设有知识产权管理总部，负责处理所有与 IBM 公司业务有关的知识产权事务。其知识产权管理总部内设法务部和专利部，分别负责相关法律事务和专利事务。专利部下设 5

个技术领域，每一个领域由一名专利律师担任专利经理。IBM 公司是一家跨国集团公司，知识产权管理部门在美国本土设有研究所，在欧洲、中东、非洲和亚太地区设有分支机构。在没有设置分支机构的地区，或是由该地区各国（地区）知识产权管理部门的代理人管理，或是由邻近国家（地区）的知识产权管理部门负责，如亚太地区未设知识产权管理部门的国家（地区），由日本的知识产权管理部门统筹管理。同时，IBM 公司知识产权总部对全球各子公司知识产权部门要求严格，除向总部进行业务报告外，世界各地子公司的知识产权分部要执行总部统一的知识产权政策，并接受总部功能性管理。IBM 研发了一套专用于企业专利管理的软件系统——专利文件管理软件，该软件可帮助企业评价其现有专利文件，寻求新专利机会，以及根据专利战略调整公司业务。IBM 专利人员使用此软件来分析公司的产品文件。IBM 称将共享公司专利方面的专家，为客户提供关于建立和管理产品专利与知识产权的建议和培训。通过自己的知识产权经验，IBM 运用娴熟的知识产权管理配置，完成了该软件的制作，同时也证明了其自身强大的知识产权运作能力。[1]

作为企业一项重要的无形资产，知识产权对于企业的发展起到了重要作用，这一点已经引起了学者的高度关注。学术界在分析企业知识产权管理与企业成长之间的逻辑关系时，其基本的分析框架分为两种：一是基于资源观的角度进行论述，将知识产权视为企业的一项关键的无形资产，其基本的目的就是为了帮助企业获取竞争优势，使知识产权逐渐发展成为企业可持续竞争优势的关键来源；二是将知识产权作为企业获取竞争优势一项制度保障，企业在实现技术创新的过程中，对企业的知识产权进行利用和保护，保障创新的收益和可持续性，都需要知识产权保护体系所提供的制度保障。目前，尽管学者们从不同的角度进行分析，但其基本逻辑还是围绕知识产权对于企业成长具有至关重要的作用。

通过学者们的研究可以发现，知识产权在本质上是企业的一项无形资产，基于其本身的属性并不能对企业的成长发挥关键的作用，因此，学者们开始对知识产权对企业成长路径的影响进行分析。通过对现有文献的整理发现，学者

---

[1]　根据以下网络公开资料整理：https://www.ibm.com/ibm/cn/zh/? lnk = fab_cnzh；http://www.sohu.com/a/135775756_747770。

们大多认可知识产权主要是通过知识产权的创造、知识产权的运用以及对知识产权的管理等多个过程来推动企业的成长，具体体现在以下三个方面。

一是知识产权创造与企业成长。人类在长期的社会实践中不断进行成果的创造，其中知识产权就是一项关键的成果，其凭借排他性和独占性的基本属性，成为企业获取竞争优势的重要资源。知识产权的本质是帮助企业实现技术创新，为企业的创新发展提供制度保障。企业的知识产权创造是企业的一项关键能力，其创造的过程就是企业对创新的成果进行产权化的过程，其实质是体现企业需要不断增强自身的知识产权创造能力，以实现企业对创新收益的保护，同时有效防止竞争企业的模仿，增强企业可持续性的竞争实力。企业的创新能力与知识产权创造之间具有紧密的联系，其中知识产权创造能够为企业创新能力的发挥提供制度保障，而企业的创新能力又是企业能够实现知识产权创造的重要前提条件。因此，企业的知识产权创造能力主要是通过不断强化企业的创新能力，从而增加企业的创新收益，最终推动企业成长。

京东的专利申请量十分巨大，其范围也十分广泛，包括数据处理、安全、现代物流等各个领域。到目前为止，京东已经建立了非常系统化的专利池，不仅对自身重要的知识产权给予了充分的保护，同时在商品出售过程中，也会通过在制度层面建立相应的监督和管理的保护层，以从根本上避免出现知识产权被侵犯的情况。京东近些年来飞速发展，在国内已经占据了巨大的市场份额，但其脚步没有停止，随着京东逐渐走上国际化的发展道路，其在知识产权保护方面也具有了更加开阔的思路和措施。为了确保国际化的进程能够顺利实施，其在海外也不断加强专利保护。

二是知识产权运用与企业成长。对于企业来说，其知识产权数量的增加并不能保证其中无形资产关键作用的发挥，技术必须实现商业化才能够充分发挥其潜在价值。知识产权并非以线性方式推动企业成长，企业往往是在前期进行技术积累，直到这些知识产权开始被运用时才能真正成为推动企业成长的关键力量，从而形成企业的竞争优势。所谓知识产权的运用，其实质是指企业通过将自身现有的知识产权投入相关产品中，形成新的产品或服务，或在现有的基础上不断优化，从而实现创新成果的顺利转化。企业能否获取竞争优势，主要取决于企业运用知识产权的能力，这种能力作为企业创新能力的重要组成部分，对企业的新产品开发具有重大意义。因此，知识产权的合理运用对于企业的不断成长具有十分显著的推动作用。

自 1984 年成立之后，海尔集团就不断推出新产品，并通过持续创新来巩固自己的市场地位。目前，海尔集团已经逐渐积累了大量的专利，而如何保护这些重要的知识产权也成为海尔集团必须面对的一个非常重要的问题。为了实现对知识产权的有效保护，海尔集团构建起了专利池，以不断提高其专利的安全性和稳定性，保证企业在市场竞争中占据优势地位。同时，海尔集团强大的技术研发能力也保证了其在行业中的地位，一些技术逐渐成为行业的标准，凭借自己的技术能力，海尔集团在全球化规则的制定中拥有了更多的话语权。截至 2016 年，海尔集团在智能家电类产品领域已经获得 290 项专利，在制冷技术领域获得 72 项专利，在其他技术和产品领域也拥有许多相关的专利。海尔集团如此强大的技术实力与其对专利的运用关系密切。为了实现对其专利的充分利用，海尔制定了一系列可行的运营战略，同时建立了专利规则，保证了企业在价值链的关键环节中拥有更多的优势，从而实现了企业的快速成长和经济效益的显著提升。不仅如此，海尔集团还通过联结其产业链中的上下游企业，以及外部网络中的关键企业和机构等，形成了一种创新生态系统，通过开放式的平台吸引了更多的资源和技术，通过各个主体企业之间的不断互动和交流，实现了技术的顺利转化，使企业获得了更加迅猛的发展。①

三是知识产权管理与企业成长。企业应制定相应的机制，以实现对知识产权的有效使用和保护。作为企业管理中的一项关键任务，知识产权管理逐渐成为企业成长的关键。对知识产权进行管理，有助于企业对自身的知识产权相关工作进行持续调整，有助于企业制定知识产权制度来规范知识产权管理工作，从而为企业的创新提供制度保障。从概念上来看，知识产权管理是企业对自己拥有的知识产权进行一定的协调和运用，从而实现知识产权的有效性和实用性；在实践中，知识产权管理涉及企业技术创新、产品开发以及市场营销的整个过程，已经成为企业经营战略的重要组成部分，对企业的经营管理和成长具有重大影响。

成立于 1968 年的美的集团是一家综合性的企业集团，其经营的产品众多，不仅在国内拥有巨大的市场份额，在国际市场上也占据着重要的地位，其产品已经进入了 200 余个国家和地区，取得了良好的

① 根据以下网络公开资料整理：http://www.haier.net/cn/。

经济效益。美的集团的发展与其强大的知识产权管理体系密不可分。为了有效保护知识产权，美的集团采取了以下措施：其一是通过设立专门的知识产权部门来进行知识产权的管理和保护；其二是在每个事业部中都设置相应的知识产权保护中心，以确保知识产权在产品研发和生产的每个流程都能得到有效保护和管理，降低知识产权受到侵犯的风险。面对不断增加的侵权事件，美的集团也制定了维护知识产权的制度和方案，并在很多涉及专利侵权的诉讼案中获得了胜利。①

通过上面的论述，我们可以看出知识产权管理对于企业成长确实有着十分重要的作用，因此，对企业而言，建立知识产权制度是十分重要的。知识产权管理其实是企业对自身拥有的技术和创新成果的有效运用和保护，既能够有效地帮助企业在市场竞争中获得优势，从而提高企业的社会地位，也可以有效避免竞争企业的模仿，防止企业知识产权和创新成果被剽窃。

5.4 利益相关者管理——优化企业的外部网络

企业的利益相关者主要包括企业的合作伙伴、客户、供应商、政府部门以及其他金融机构等，这些利益相关者对企业的日常经营活动和相关业务的具体运营过程都会产生一定的影响，进而影响到企业的生存和发展。传统视角下的企业往往只关注与客户或者与供应商之间的关系，而对其他利益相关者关系的关注较少。在当前如此激烈的市场竞争环境中，如果不能充分掌握外部环境的变化，就会在竞争中失去优势，进而变得孤立和僵化，对企业的生存造成严重威胁。

企业与利益相关者之间的联系越紧密，对企业的成长越有利。企业在早期成长阶段需要依靠利益相关者的力量来获取企业发展所需的关键资源，以获得竞争优势，进而实现企业绩效的提升。与供应商建立良好的关系，能够有效提升企业的技术能力，并且可以通过与供应商合作创新，既获得创新的收益，又有效地分担创新的风险；与销售商建立良好的关系，可以有效借助其销售渠道，增强企业销售能力，提升经营绩效；与客户建立良好的关系，可以及时有

① 根据以下网络公开资料整理：http：//www. midea. com/cn/about_midea/Group_profile/？ mtag = 40005. 1. 2。

效地获取客户的需求，增强企业的盈利能力；与政府部门建立良好的关系，可以获得更多的创业与创新政策支持和相关信息；与金融机构建立良好的关系，有助于企业拓宽融资渠道、提升融资能力，为企业发展提供重要支持。因此，企业要想获得更好的发展，必须管理好与利益相关者的关系，尽可能拓展企业的外部网络。

企业需要建立一种兼具灵活性和适应性的经营机制，通过持续创新来满足客户的需求并应对外界环境的变化，越来越多的企业开始在外部寻求能够帮助企业实现创新发展的关键资源和技术。不同的企业会采取不同的方式拓展其外部网络，有些企业搭建了开放式的创新平台，吸引先进的企业、专业技术人才、致力于科学研究的高校和科研院所等参与其中，以形成强大的创新生态系统，这有助于企业获取关键的资源和信息，加强与其他企业的交流与合作，掌握前沿的创新成果，同时也有利于企业获得自己需要的技术解决方案。同时，这个平台还会吸引众多的消费者参与，通过直接参与产品的设计与开发，帮助企业获得准确的市场信息，降低信息不对称性，避免出现新产品不符合市场需求而造成的重大损失。

此外，企业还可以通过并购或者投资等手段来实现对外部资源的获取和整合。企业并购或投资于技术实力较强或者拥有某种关键技术的企业，可以获得关键技术信息，同时整合被并购企业的关键市场资源、技术资源、信息资源和人才资源等，实现企业自身的创新发展。但是，并购或者投资的方式更适合大型企业采用，新创企业或者规模较小的企业无法承担高昂的成本，而是更多地与先进企业建立战略合作关系，加入创新生态系统，从而不断优化自身的外部网络，同时获取关键性的创新成果，推动企业的创新发展。对新创企业而言，管理好利益相关者关系是非常重要的。

5.5 企业的未来——成功与失败

创业是一种高风险的活动，大多数创业活动会以失败告终。正如马云所说，今天很残酷，明天更残酷，后天很美好，但是绝大多数人死在明天晚上，看不到后天的太阳！那么，作为大学生创业者的我们应该如何来正确看待创业成功与失败呢？

5.5.1 什么是创业成功？

创业活动涉及两个主体：一个是作为创业活动主体的创业者，另一个则是作为生产主体的创业企业。创业企业是创业者充分发挥其创业才能的平台，该平台为创业者提供了创业的关键资源，成为创业者实现职业成功的一种重要工具。创业者在创业企业这个重要的资源平台上的作用，主要体现为一种组织者和协调者的角色，创业者在创业的过程中，要不断进行新知识的学习和创业经验的积累。创业企业在成长的过程中会受到企业内部资源和能力等要素的影响，同时也会受到企业外部利益相关者和创业环境的影响。在这些影响下，企业要想实现可持续发展，就需要创业者能够不断进行角色的转换和适应，不断提高自身的领导和管理能力。因此，创业企业的发展过程也是创业者的成长过程。

因此，创业成功应该以创业者本身的成长来定义。从广义上讲，创业成功应该通过创业者实现个人价值和个人目标进行界定，衡量的标准应该是创业者经过一系列的创业活动，通过不断的学习和实践所塑造的能力，也就是创业者所积累的成就、知识和结果。因此，创业成功属于一种状态性的结果式变量，是创业者经历了整个创业过程后所积累的成果。创业成功要突出创业者在整个创业过程中的角色转变，同时还要强调创业者在创业过程中的学习成果，主要体现在目标成就、技能开发和个人满意度等方面。

总的来说，创业成功是创业者在创业过程中的积累，包括创业者自身认知能力、资源获取和配置能力的提升，以及创业者创业知识和经验的积累。

5.5.2 创业成功的标准

现有的研究将衡量创业成功与否的评价指标分为创业经济回报、创业者心理、社会影响力三个维度，体现了创业成功的多元化标准。

1. 创业经济回报

创业成功的标准与职业成功的标准存在一定的差异。职业成功既可以体现为工资水平的上涨，也可以体现为职位的提升，但创业者从一开始就在企业中处于最高的位置，没有职位晋升的空间，因此职位的晋升不能成为创业成功的标准。创业成功与职业成功的相似之处就在于其对于成功的衡量标准都要考虑到创业者或职员在物质方面的提升，主要是以其所获得报酬为依据。

黄恺是一名大学生创业者，其创业的出发点非常简单：2004 年，黄恺成功考入中国传媒大学的游戏设计专业，基于其自身的兴趣爱好，加上学到的专业技术和知识，他开始迷上了桌游。但他并不是简单地陷入游戏中，而是通过将国外的桌游引入国内，再结合中国的特色，制作出了十分成功的桌游——三国杀。2006 年，黄恺在没有特别销售渠道的情况下，只借助互联网进行销售，获得了很大的成功。毕业后，他没有寻找一份安稳的工作，而是创建了自己的公司，随着产品的销售量不断增加，黄恺的收益显著提高，2010 年，"三国杀"桌游给黄恺创造了数千万元的收入。随着桌游产业的不断发展，其收益还会进一步增加。①

2. 创业者心理

创业者心理上的满足是衡量创业成功的重要指标。创业动机是创业者实施创业行为的一种内在动力，这种动机能够不断地鼓励和引导创业者为实现创业成功而不断努力。因此，有学者提出，可以将创业者最初创业动机的实现程度作为创业者是否创业成功的判断标准。对创业者的创业动机进行研究发现，创业者从事并持续进行创业活动的关键动机是个人满意度，而财富回报居于第二位。之所以将创业者个人满意度放在如此重要的位置，主要是因为创业者个人满意度是创业者选择创业和继续为创业努力的关键要素，如果创业者无法满足个人主观意愿，那么就算创业企业实现了盈利，也无法提供创业者继续创业的动力，创业者会选择终止创业。当然，学者还提出了衡量创业者心理成功的其他指标，包括工作与生活能否实现平衡、个人价值能否得到体现以及创业者自身的才能是否得到充分发挥等。

3. 社会影响力

创业成功与职业成功之间还存在一个重要的差异：创业成功与否不能仅仅考虑创业者个人层面，或者创业企业层面，更要从社会角度进行考量。因此，许多学者提出将社会影响力作为一项关键的指标来衡量创业成功。这些学者在对创业者的成功标准进行调查研究的过程中，将创业成功的标准主要分为创业

---

① 根据以下网络公开资料整理：https://www.cyzone.cn/a/20131024/246422.html。

者物质职业成功、心理职业成功和社会职业成功三个维度。物质职业成功与前面讨论的创业经济回报大体一致，主要体现在创业者的收入和成就方面；心理职业成功主要体现在创业者能够实现个人的满足，具有持续创业的动力；社会职业成功主要体现在创业者通过创业成功获得了社会认可，实现了社会声誉和地位的提升。

5.5.3 什么是创业失败？

有学者将创业企业的失败直接等同于创业的失败，这是不准确的，与创业成功一样，创业失败也应该从创业者的角度来界定。尽管创业企业的失败会导致创业者的创业生涯暂时停止，但这并不意味着创业失败，许多创业者更加关注创业的过程，将创业过程中的体验和收获的知识与技能作为创业的重点。从这个角度来讲，创业失败应该体现在两个方面：创业企业无法持续经营，最终导致清算和破产，或者由于创业者没有实现个人的期望和目标而停止企业的经营，通过售卖或关闭企业的形式来终止创业。这两种情况都被称为创业失败。

创业失败经常被当成一个消极的事件，其实创业失败只是创业过程中的一个阶段，创业风险很高，成功的可能性很小，因此，创业失败司空见惯，创业者要客观地看待创业失败。连续型的创业者在经历创业失败后仍然能够保持乐观的心态和创业的热情，将创业失败看成是持续创业过程中的一个短暂阶段。创业者不能陷入创业失败所造成的经济损失中不能自拔，应该善于从失败的经历中接受教训，获得有效的知识和经验，通过不断学习和思考，改善自己的心智模式，从而为下一次创业积累宝贵的经验和技能。

5.5.4 创业失败的原因

与一般企业相比，创业企业获取和运用资源的能力有限，企业发展受到很大的约束和限制，任何一个环节出现问题，都可能导致创业的失败。因此，创业失败的影响因素很多，学者们一般将这些因素按照蒂蒙斯（Timmons）的模型划分为三个部分，即与机会相关的因素、与资源相关的因素和与创业团队相关的因素。

1. 与机会相关的原因

创业者在结合现有的知识和经验对创业机会进行开发和利用时会受到众多

因素的影响，主要包括企业目标市场的规模、市场的竞争情况、企业进入市场的时机，以及企业所在地区的文化等。这些因素会影响创业者对与创业机会相关的信息的收集与分析，进而直接或间接地影响创业者对创业机会的评估、开发和利用。如果创业机会利用不当，最终会导致创业失败。

推图是一款手机拍照分享应用。在获得蓝港在线的投资后，推图创业团队有了资金的支持，就开始进行研发，并在一个月后就将产品推向了市场。但是，类似的拍照分享应用较多，竞争十分激烈，因此，尽管推图是同类应用中较早推出的，但其用户数量却没有达到预期。其原因主要有两个：第一，微博和微信等软件已经具有拍照分享功能，使得一部分用户不考虑使用这个软件；第二，当时能够连接免费无线网络的位置特别少，而且流量费用又很高，这就使得很多用户放弃了这个软件。[①]

2. 与资源相关的原因

资源基础理论等将企业看成是相关资源的集合平台，这些资源使得企业能够在激烈的市场竞争中获得竞争优势，是企业成长的关键因素。从这个角度来看，创业的过程其实就是创业者对资源进行识别、获取和利用的一系列过程。许多学者提出，造成创业企业绩效不同的原因在于这些企业所拥有的资源以及对这些资源的利用存在差异。因此，资源是新企业创建和成长的基础，如果不能对创业资源进行合理的获取和利用，就会造成创业失败。

美味七七是正大集团于 2011 年创立的，刚开始取名为正大天地，2013 年改名为美味七七，2014 年，亚马逊投入了 2000 万元，为美味七七的发展注入了更大的动力。作为一家生鲜类电商企业，美味七七由于进入市场的时间较早，因此在前期发展还算顺利，并逐步建立起了自己的销售平台，产品达 5000 多种。随着市场份额的扩大和技术能力的不断提高，美味七七逐渐成为亚马逊的重要伙伴企业。但是，好景不长，2016 年美味七七就倒闭了，其失败的原因是资金不足导致企业无法顺利运转。美味七七的供应商指出了其发展过程中存在的关键问题：获得融资之后，美味七七没有进行合理的规划，而是将资金全部用于物流的构建、加工中心的调整和规模的扩建等，盲目的扩

---

① 根据以下网络公开资料整理：http://telecom.chinabyte.com/132/12071132.shtml。

张导致资金流失，从而使得企业的运营失去了基础。①

3. 与创业团队相关的原因

在整个创业过程中，创业团队是发现、利用机会和整合、利用资源的主体，是创业过程中的一项重要因素，是创业的关键组成部分。随着社会的发展，市场的不确定性增强，创业的风险增大，同时外部环境变动频繁，这就需要创业团队承担起决策者的关键作用，能够及时调整企业的重心，同时增强企业的适应性和灵活性。在创业初期，创业者需要增强对资源的整合能力，以实现对创业机会的开发和利用，随着企业的成长，企业的资源越来越丰富，这时候创业团队的重要作用就体现在合理配置企业资源、提高资源使用效率、规范企业制度体系、增强企业竞争实力等方面。因此，创业团队在创业过程中需要转变角色和任务，如果创业者不能灵活地进行适应和转变以满足企业发展的需要，就会导致创业的失败。

1999 年，唐海松在刚刚拿到哈佛商学院的 MBA 后就组建了创业团队，创建了亿唐公司，这个公司在 2000 年时风靡中国。亿唐的目的是要创建一个门户网站，目标群体就是年轻人，并制定了十分有吸引力的创业方案，吸引了许多风投资金。亿唐的市场定位是成为一个生活时尚集团，希望借助网络、零售等来创造出符合市场需求的产品。公司逐渐开始在北京、广州和深圳等发达城市建立分公司，同时，为了进行更深入、更全面的宣传，公司雇用了大量的人员、花费巨资进行推广。但好景不长，2000 年年底，互联网产业进入了"寒冬"，亿唐也没有逃脱悲惨的命运，加上其"烧钱"的速度过快，资金很快就入不敷出。2008 年时，亿唐已经人去楼空，过去的辉煌已经不见了踪影。亿唐失败的原因主要是企业没有明确的发展方向和清晰的定位，并且天真地认为只要花巨资抢占市场就能够实现发展。②

5.5.5 从创业失败中学习

王兴是美团网的创始人，其身价已经达到了 70 亿美元。回想起

---

① 根据以下网络公开资料整理：http：//www. sohu. com/a/122879217_499033。
② 根据以下网络公开资料整理：http：//www. sohu. com/a/136597669_527604。

创业的历程，他认为自己最大的优点就是能够从失败中进行学习。
2003 年，王兴在美国攻读博士学位时，就萌发了创业的想法。随后，
他请长假回国创业。王兴找到了一个关键的切入点，他发现同学之间
所形成的社交网络中蕴含着重要的发展机会，于是创建了校内网，但
由于其界面与 Facebook 相似，因此引来了许多人的吐槽。校内网的
界面十分人性化，能够给用户带来非常有趣的体验，这在一定程度上
也帮助校内网赢得了一些客户。在当时，由于城市的交通还不是十分
便捷，因此每次放假时，学生们去火车站就成了难题。王兴发现了这
一机会，于是通过在许多高校内创建校内网，同时开展了免费乘大巴
去火车站的活动，只要每辆大巴车在一定时间内坐满 50 人就可以出
发。许多学生为了能够顺利出发，就会号召同学、朋友参与进来。这
个活动使得校内网获得了 8000 多个用户，网站也随之变得热闹起来。
但是，尽管获得了很多的用户，但由于缺乏相关认识，企业也没有明
确的盈利模式，最后还是因为资金不足而破产。尽管这次失败给王兴
造成了一定的打击，但他并没有一蹶不振，而是对失败的经历进行了
总结和分析，从中得到了更多的经验和启示：第一，创业团队需要事
先进行明确分工，必须给 CEO 留出充足的时间来观察市场的变化和
社会的发展。第二，产品必须进行快速推广，只有在竞争变得十分激
烈之前占据一定的市场份额，才能够实现企业的发展。第三，创业过
程中不能够不创新，但也不能盲目创新。在创新过程中，不仅要关注
社会发展和市场需求的变化，同时也要观察竞争企业或合作企业战略
的变化与发展，学会从伙伴企业的发展中汲取经验教训。第四，在创
业过程中，资本的作用十分重要，必须尽可能并尽早获得资本的支
持。在获取资本的过程中，可以适当做一些妥协，要分清什么是当前
阶段最为重要的。第五，创业时必须组建好创业团队。必须充分信任
团队成员，只有相互信任，才能够使得团队在遇到问题时保持一致，
不会出现机会主义行为，保持团队的稳定。①

创业能力的提升，不仅取决于对创业机会和资源的开发与利用，还有赖于
通过不断学习，获取更多创业知识和经验。创业学习通常是对创业过程中所需
要知识进行持续开发的过程。波利蒂斯（Politis）建立了一个创业学习的概念

---

① 根据以下网络公开资料整理：http：//www.sohu.com/a/38834736_114835。

模型，他强调创业学习是一个过程，其中包含创业者的职业经验、转换过程和创业知识。这一模型阐述的主要是创业者的经验如何转化为创业的知识。创业学习能够实现两种效果：一方面是创业机会识别能力的增强。创业机会的识别主要受到两方面因素的影响，即创业者能够发现创业机会所需要的关键信息以及创业者具备评价创业机会的认知能力。在某种程度上，创业者需要依靠自己的经验和知识来增强认知能力，从而加强对机会的开发和利用。另一方面是创业者处理新事物的能力和效率显著提高。这也需要创业者通过不断的学习，增强自身的经验和技能，从而提升自己灵活应对新事物和新环境的能力。

创业学习是创业者对企业经营所需知识的一个持续学习过程，在这个过程中，创业者可以从自身的经验中学习，可以从实践中学习，特别是从一些关键事件中学习。创业过程中蕴含着众多的关键事件，会产生高质量的学习效果。这种高质量的学习效果能够改变创业者的思维模式和行为方式，使其知识结构和技能不断优化与完善。但这些关键事件在给创业者带来高质量学习效果的同时，也会给他们带来一些伤害，其中创业失败就是创业过程中的一个关键事件。创业失败不仅会对创业者的情感造成一定程度的伤害，还会使其对个人的价值产生怀疑。创业者能够承认并接受失败是一项十分艰巨的任务，如果他们能够客观地看待失败，并且从失败中学到关键的知识，就会获得显著的学习效果，而且这种学习效果是长期存在的。由这些关键事件所引发的一系列学习通常是一种质变，创业者通过对这些关键事件进行深层次的反思，将经验转化为自己的知识，可能会形成对事物的新看法、提高某一领域的技能、产生对某类问题的解决方案或者转变自己的思维方式。

学者们已经对创业失败学习的内容进行了一些研究，总结起来，创业失败学习的内容主要包括以下几个方面：首先是创业者对有关创业机会方面知识的学习，即通过学习，获取识别机会的技能，提高对创业机会潜在价值的敏锐度，保持对创业机会的警觉性，并合理地开发和利用这些关键的创业机会。其次是学习与创业资源相关的知识，即如何对创业资源进行整合、如何协调好企业与外部网络中的关键利益相关者的关系，从而为企业获取重要资源提供渠道。创业者还应学习如何对现有资源进行合理的配置和利用，如何通过有效配置来提高对这些关键资源的利用效率。最后是对创业团队方面的知识进行学习。创业团队要丰富自身的知识和技能，改善自己的思维模式，更加深入地分析行业的发展前景和方向。创业者还应充分、客观地了解自己和创业团队，明确每个人的长处和优势。总之，创业者应充分利用这些关键的知识和技能，推动企业不断成长。

　　雷军是小米公司的创始人。在创业的过程中，他也经历了许多失败，但他能够从失败中学习到经验和知识，这就为后来的创业成功打下了良好的基础。上大学时，雷军阅读了讲述比尔·盖茨和乔布斯创业经历的书，受到很大的启发，也产生了创业的想法。随后，他与几个志同道合的伙伴组建起创业团队，创建了三色公司，梦想是创建一个全球化的企业，开发能够被全世界的电脑都使用的软件。但是，由于缺乏经验，没有制定好企业的盈利模式，导致资金链断裂，最后企业被迫解散。但是，雷军没有气馁，而是通过这次失败的经历，对创业有了更多的认识和思考，并总结出一些经验和教训：首先，创业企业必须拥有明确的盈利模式，没有明确的模式正是三色公司失败的原因之一。其次，创业者要具有前瞻性的眼光。在创业阶段，雷军和创业团队看到汉卡产品为联想公司带来的巨额利润，于是决定以汉卡产品为主要业务。他们看到了这个产品的高额利润，却没有对竞争形势进行分析，公司刚刚推出自己的产品，许多价格更低的竞争产品就蜂拥而来，使得他们的产品失去了竞争力。最后，创业者应具备强大的团队管理能力。因刚刚起步，团队不会涉及很多利益上和决策上的冲突，采用平均划分股权的方式并不会引起大家的不满，但随着企业的发展，决策问题就出现了。由于团队内部各成员的权力平等，在具体的决策过程中就需要考虑每个成员的意见，往往需要耗费大量的时间才能解决一个问题，降低了企业的运行效率。①

大学生创业企业成长 Q&A

第一问：我该如何修"内功"帮助企业成长？

　　在知识经济时代到来和全球一体化进程持续深化的今天，企业知识产权作为企业重要的内部资源，对于企业成长具有重要的作用，那么我们如何利用好

① 根据以下网络公开资料整理：https://www.sohu.com/a/128370145_475137；http://tele.ofweek.com/2013-09/ART-8320506-8500-28723037.html。

这些知识产权呢？

1. 什么是知识产权

知识产权是指发明者或成果的所有者根据法律的相关规定，能够在一定期限内对这些智力劳动成果的独享权利。知识产权主要包括两种类型：著作权和工业产权。其中著作权是指著作者对其文化、艺术等作品所享有的权利；工业产权是指在工业、商业等产业中经常出现的一种无形财产的权利，主要包括专利权和商标权，这些无形财产能够具有一定的实用价值，对企业的创新发展具有关键作用。在工业产权中，商标权是指商标的所有人所享有的，由商标的管理机构所授予的对申请的商标进行法律保护的一种权利。专利权是指由发明者所享有的，由国家专利局所授予的对通过审查的专利在一定期限内基于法律保护的权利。专利主要有发明、实用新型和外观设计三种类型。

2. 为什么要保护知识产权

知识产权是人类的智慧成果，对企业而言是一种无形的资产，但这种资产具有很强的市场价值，在传统观念中，一般认为企业的物质资产如厂房、设备、土地等资产才是企业的关键资源，但随着知识经济的不断发展，竞争形势更加激烈，企业创新发展的需求更加迫切，这时就需要依赖这些关键性的知识资源进行重要的创新活动，包括新产品或服务的开发和现有产品或服务的改进与完善等，以满足消费者的需求，适应外界环境的变化。

在当前的市场环境下，许多创业企业都是依靠关键性的技术来实现企业的创建和发展，因此，这些关键性的技术成为企业重要的知识产权，对于企业的发展而言，这些知识产权是十分重要的资源。这些知识产权不仅能够直接应用到企业的生产过程中，从而实现生产工艺和产品的创新与改进，还能够直接出售或转让相关的知识产权，通过许可经营的方式来获得相关的收益。

知识产权具有十分重要的作用，但很多创业企业没有充分认识到企业知识产权的重要价值，没有对这些知识产权进行合理有效的保护，这一方面会导致企业无法发挥知识产权的价值，降低企业的创新能力，从而使企业失去对竞争优势的获取和利用；另一方面由于企业没有制定相关的制度或者采取相应的措施对知识产权进行保护，会导致企业员工对知识产权的保护意识不强，同时降低了企业研发人员的创新热情和积极性，从而不利于企业创新成果的产出和转化，抑制企业的创新发展。对于企业而言，知识产权能够带来强大的经济效益，只有对知识产权进行合理的保护，才能够充分实现对知识产权的占有权，从而获取竞争优势，使企业长期立于不败之地。

企业需要重视知识产权的重要性，将知识产权列入企业关键的战略资源。对于新创企业而言，知识产权已经成为其发展的命脉，企业需要依靠知识产权来获取竞争优势，从而能在激烈的竞争环境中生存和发展。为了能够长期享受到知识产权所带来的创新收益，需要防止知识产权被竞争企业恶意模仿，因此需要对知识产权进行充分有效的保护。

3. 申请知识产权保护时需要注意的问题

对于知识产权的保护，最常用的就是申请知识产权，通过法律的手段来保护企业的知识产权，具体可以通过专利申请和商标注册来进行知识产权的保护。

（1）专利申请的注意事项

专利的申请流程由于专利类型的不同而不同。发明专利的申请流程是专利申请—受理—初审—公布—实质审查请求—实质审查—授权；实用新型专利的申请流程是专利申请—受理—初审—公告—授权；外观专利的申请流程是专利申请—受理—初步审查—公告—授权。申请专利的途径有两种：一种是申请人直接到中国国家专利局办理；另一种是可以委托专利代理机构办理。

专利权的期限自申请日起计算，发明专利权的期限为 20 年，实用新型、外观设计专利权的期限为 10 年。专利权为专利权人所有，专利权可以转让、许可、质押等，其中许可方式分为普通许可、独占许可、排他许可、交叉许可。专利的一般申请文件包括附图（发明可有可无，新型必须有附图）、权利要求书（用于确定发明或实用新型专利保护范围的法律文件）、说明书（对权利要求书的解释说明，公开充分）、摘要（不能作为修改权利要求的依据）。

专利保护包括三个阶段的工作：首先，在专利申请前期，需对现有技术进行充分的了解，通过专利的挖掘和制定一些策略来合理地规避风险（主要包括检索分析专利权的稳定性以及专利申请授权前景）。其次，在专利申请阶段，由国家专利局对申请专利的相关产品及其申请文件进行评估，评估的标准主要体现专利是否具备新颖性、创造性和实用性。最后，专利维权阶段。在专利有效期内，如果出现他人侵犯知识产权的行为，可以通过法律手段来进行维权。

（2）商标注册的注意事项

商标的注册流程是：注册前准备→商标调查→注册申请→受理通知→形式审查→实质审查→初审公告→注册公告→发放商标注册证。

商标是企业独特的标志，是与其他同质的产品相区分的重要标志，因此，商标对于企业的发展具有重要影响。进行商标注册是开始对企业进行品牌保护的关键；在进行商标注册的过程中，有许多常见的问题需要注意，主要有以下几方面：

①公司成立之初就应该申请商标。很多创业者在创业初期认为企业规模还小，申请商标注册还太早，可以等到企业成长起来之后再进行商标注册。这一想法是非常错误的，作为创业者，必须充分认识到商标注册的基本原则。我国现行的商标注册实行申请在先的原则，也就是在进行商标注册时，谁先进行注册，这个商标就是谁的。如果企业没有及时进行注册，等企业成长之后再注册，就有可能出现商标被他人先行注册的情况，这对企业而言是一件比较棘手的事情，需要花费更高的价格来购买商标权，从而保证企业的运行不受影响，这会给企业造成一定程度的损失。为了有效避免这种损失，就需要提前进行商标的注册。

②先进行商标查询，再提交申请。在进行商标注册时，需要经过几个重要的流程，因此商标注册的结果往往需要经历很长的时间，而商标注册中失败的重要原因之一是由于是存在相同或相似的商标。因此，在进行商标注册之前，应该先对商标进行查询，确认现有的已经注册的商标中没有相似或相同的之后，再进行商标注册的申请。这样可以有效降低商标注册失败的概率，缩短商标注册时间。

③组合商标要分开申请。商标常用文字商标和图形商标两种方式来展示，有一些知名度很高的品牌往往将文字的商标和图形的商标进行结合，例如耐克的红对勾和英文 Nike、阿迪达斯的三叶草和英文 Adidas 等。在进行这种组合式商标的申请过程中，应该尽量将文字部分和图形部分分开申请，这样就算其中某一部分的商标申请没有通过，也不会影响其他部分商标的使用，而如果采用组合方式进行申请，一旦其中某一部分出现问题，就会导致商标申请整体被驳回。因此，如果你的商标是采用文字和图形相结合的形式，那在进行商标注册时，建议采取分开申请的方式。

④商标授权后有使用期限。有些企业认为一旦商标通过申请之后就可以长期使用，这一想法是不正确的。商标与专利权一样，都有一定的使用期限，商标通过审核后，有效的使用期限是 10 年，起始日期为注册之日。但是在商标到期之前，企业可以到相关部门办理商标的续期，如此循环，才能够有效保证商标有效合理地长期使用。

第二问：我该如何借"外力"帮助企业成长？

在当今复杂的商业环境中，企业面临比以往更为激烈的竞争，在这种情况下，新创立的企业仅仅依靠自身的资源和能力往往很难获得竞争优势，因此，企业需要利用企业外部的利益相关者的关系来实现企业资源的获取和使用，从而帮助企业不断成长。

1. 企业外部有哪些利益相关者

R 公司是由在校大学生创建的创业项目，主要是为一些在校师生以及一些毕业的校友设计具有纪念意义的产品，其整体的设计风格和理念以校园怀旧为主，通过与校园的文化相结合，以手工的方式制作独特的纪念礼品。由于这些业务能够满足在校生以及毕业校友的需求，同时其招聘的人员都是本校的学生，并且不需要租用专门的设施和厂房，因此其整体的运营成本较低，能够实现盈利。为了增加企业的盈利水平，在现有业务的基础上，企业不断拓展新的业务，开展了旅游、交友等深受年轻人喜爱的项目。同时，随着业务水平的提高，企业不断拓展目标群体，不仅关注校内师生和毕业校友的独特需求，还开始关注学校周边居民区的需求，重点是结婚纪念、亲子定制等。通过几年的发展，其盈利能力和影响力显著提升，并且随着业务的不断深化和拓展，未来的收益和市场份额还会获得更大的提升。R 公司之所以能够获得如此好的发展，一个重要的原因就是它能够充分利用其同学、校友等重要的资源。每次学校或者某个学生社团举办活动，R 公司都会提供支持和帮助，这有助于建立企业的用户基础，扩大企业影响力，同时通过与校方、学生社团、校友会等关键组织建立起良好的关系，为企业的发展争取更多的支持，使企业能够更为便利地获取资金、人力、市场、信息等关键资源。[1]

通过上面的例子可知，R 公司之所以能获得成长，主要在于公司与消费者（即例子中的同学和校友资源）建立了良好的关系，伴随着公司治理与企业社

---

[1]　曲然、李雪灵、于旭：《创业管理》，吉林大学出版社 2016 年版。

会责任的不断发展，企业已不再局限于满足消费者、股东、债权者和管理者的需求，还要考虑到众多的利益相关者的需求，这些利益相关者将影响企业生产经营过程中的各个环节。

利益相关者主要是那些对企业的生产经营活动产生一定影响的个人或群体。尽管有些利益相关者不是企业的直接供货人或购买人，但他们也会影响到企业的决策。利益相关者既包括企业内部的为企业生存发展贡献力量的员工和股东等，也包括企业外部的对企业成长和发展具有重要影响的组织或个人。总的来讲，企业利益相关者大体上包括企业的所有者和股东、企业内部的管理人员和员工、银行及其他债权人、供应商、消费者、市场上的广告商及媒体、工会组织、竞争企业、地方及国家政府，以及一些监管机构、中介机构和公众利益群体等。

2. 利益相关者为什么重要

杨弘浩是比逗网络科技有限公司的 CEO，其在比逗的创建时期还是一个在校的学生，这个项目的发起人是刘永杰，比逗的创意是校内外众多的人员和组织一起设想出来的，其发展的目标就是通过构建一个平台，使其发展成为中国的首个青年共享社区，其主要模式是利用众筹的思想进行运作，致力于满足大学生的日常生活需求，未来的规划是要建设成为国内最大的针对大学生群体的综合型服务提供商。比逗发展到现在已经构建了多个服务平台，包括移动社群网络平台、比逗众筹平台，以及比逗众筹西餐厅等。随着业务的不断扩展，比逗还直接控股一家餐饮管理公司。比逗的团队人数已经发展到 30 人，线下的大学生社区有 10 个，线上社区有上百个，年营业收入已经达到数千万元，已经成为一家快速发展的新兴互联网公司。但是，比逗的发展也并不是一帆风顺的，比如比逗在开业之初就接到了楼上的一个住户的投诉，该住户针对比逗的油烟排放问题提出了意见，随后相关部门要求比逗暂时停业。创业企业的时间极其宝贵，并且资源有限，每关闭一天，就意味着成本的增加和资源的浪费，因此，比逗的负责人便通过各种渠道与投诉的住户取得联系，这个联系的过程也不是十分顺利，刚开始总是遭到拒绝，但是这并没有让团队放弃，他们天天守在住户的门口，请求住户的谅解，坚持了十天之后，住户被这些年轻人的诚意打动，于是决定撤回投诉，并且双方一起制定了相应的解决方案，以避免类似的情况发生，这才使得比逗重新投入运营，避免了更大的损失。该问题的出现正是由于比逗在创业过程中没有考虑周围住户等利益相关者的需求，这些利益相关者的存在能够为企业的发展带来许多直接或间接的影响，甚至可能给企业造成致命的打击。比逗之所以能够获得后续的发展，也是因为在利益相关者的处理上十分妥当，没有造成更为严重的后果。①

　　通过上面的例子，我们可以发现，每个企业在社会上都不是孤立存在的，不仅有看得见的产业上下游供应链关系（客户关系在其中），更有能够影响企业决策和市场行为的看不见的诸多其他利益相关者关系。利益相关者能够影响组织，他们的意见有必要作为决策时需要考虑的因素。

　　在创业初期，大学生创业者的社会网络很有限，大多限于创业者个人的亲戚朋友等关系，这些关系能够为企业提供的资源有限，无法满足企业成长和发展所需要的资源需求，因此，这就要求创业者要不断拓展企业的外部网络，与社会中的利益相关者建立紧密的联系，努力扩大企业联系的范围，从而为企业获取创业资源提供重要渠道。

　　企业与利益相关者之间建立良好的关系可以帮助企业优化外部网络，从而实现企业关键资源的获取和整合，这些资源大体上包括三类：财务资源、技术资源和市场资源。

　　财务资源是指企业能够通过外部网络获得重要的可以用货币来进行衡量的资源，主要包括企业获得的风投、银行贷款、政府资助以及股东投入的用于企业发展的运营资金等。财务资源对企业成长和发展具有重要影响。大学生在创业初期，没有经济的积累，财务资源十分有限，因此，如果能够构建起与银行、政府、风投及其他金融机构等利益相关者的关系，企业就能够获得充足的财务资源，从而为企业的发展提供重要的物质保障。

　　技术资源是指创业企业能否在竞争激励的市场环境下获得竞争优势，主要取决于企业的技术是否新颖和先进。大学生创业企业一般在创业之初就具有一定的技术或创意，在这些创意或技术转化为有竞争力的产品或服务的过程中，创业企业需要与市场上的利益相关者建立良好的关系，通过技术转移转化的平台或机构来帮助实现技术的转化，以及通过与高校和科研机构等建立良好关系，从而获得技术上的援助和支持。

　　市场资源主要包括客户的需求信息、市场规模、销售渠道以及竞争企业的

---

　　①　根据网络公开资料整理：http://gd.qq.com/a/20170831/076532.html。

实力等方面的信息，这些重要的资源对于企业发展具有重要作用。大学生创业企业在成立之初，由于资源的限制，往往获取不到重要的资源和信息，这就需要创业企业与利益相关者建立起关系：通过与竞争企业建立良好关系，从而获取一些市场的规模信息；通过与销售商建立良好关系可以获取重要的销售渠道；通过与一些组织或协会进行交流，可以帮助企业获取关键的市场信息，从而帮助企业提升市场地位，实现企业的成长与发展。

3. 如何维护利益相关者关系

首先，要对企业所在的行业有一个清晰的认识，明确行业的供应链和价值链结构，沿着价值链条对企业的利益相关者进行梳理，对所有能够影响企业生产经营过程的群体或个人都要进行分析。有时候企业只会将重点放在企业的客户和供应商方面，通过采取一定的措施来维护客户关系和供应商关系，尽管这能在一定程度上帮助企业获得成长，但其他的利益相关者的重要性也不容忽视。在考虑企业内部的利益相关者时，企业往往只考虑到股东的关系和利益，而忽视了企业内部管理者和员工也会对企业的生产经营造成很大影响。因此，企业管理人员和员工也应该被列入企业的利益相关者中。企业在分析外部利益相关者时，也要充分考虑到政府、银行及其他金融机构、风投以及一些中介服务机构等，它们也会直接或间接地影响到企业的决策和发展。

其次，在识别了利益相关者之后，就要开始考虑如何建立与这些利益相关者的良好关系。一般来讲，企业在进行利益相关者管理时，都会设置专门的人员和组织来进行相关的工作。这些工作大体上划分为两个层面：第一个层面是企业整体层面的利益相关者管理，这就要求企业建立相应的职位或部门来进行外部关系的协调和规划，这些职位或部门的主要工作就是要建立起与行业协会、行业主管部门或单位、各级行政单位等机构之间的关系。与这些机构之间的交流并不涉及企业业务层面的具体问题，主要涉及企业发展目标、企业的价值以及企业的社会责任等方面，以不断稳固和增强企业在市场中的影响力和地位。第二个层面聚焦于业务层面，可能发生在采购、生产、销售等各个环节。企业的相关人员在开展业务的过程中就要与供应商、客户、竞争企业、银行及金融机构等建立紧密的关系。同时，企业的创新需要依靠企业强大的研发实力，在这个过程中需要通过与高校和科研机构建立起密切的联系，从而获得技术上的支持，帮助企业实现创新。

最后，企业不仅要建立起与利益相关者的良好关系，同时还要采取一定的措施来维护这种关系，因此，这就要求企业相关人员在工作的过程中不能仅仅围绕某一个产品或某一项业务而与利益相关者进行交流，应该与其建立起一种持续的、长期的良好关系，这样才能充分发挥这些利益相关者的关键作用，进而为企业发展提供切实的保障和支持。企业在对利益相关者进行管理时，要建立起一种定期回顾和跟踪机制，从而形成一种反馈，及时帮助企业对现有的利益相关者关系有一个清晰的认识，对一些薄弱的关系要及时采取措施予以维护和加强。这也就直接关系到企业在下一个阶段的工作计划以及资源的配置。企业应建立一定的机制来对这些关系进行及时的、动态的观察和分析，对出现的问题及时采取措施进行补救，防止由于这些利益相关者的关系处理不善而导致对企业的生产经营造成威胁的情况发生。

第三问：我该如何看待创业的成功与失败？

虽然创业者都渴望成功，但是我们必须认识到创业是很难成功的。现有的数据显示，企业在创建三年之内倒闭的比例已经超过90%。创业是一个艰难的过程，能够成功的创业者只是凤毛麟角。因此，作为大学生创业者，我们要学会正确看待创业的成功与失败。

1. 正确看待创业成功的标准

很多创业者都把上市作为创业企业成功的标准，这是错误的，上市不应该是评判企业成功的标准，只是企业发展中的一个里程碑，是企业发展到成熟阶段的一个重要标志。创业者都认识到上市能给企业带来很多好处：上市可以帮助企业获得大量的资金，增强企业整合资源的能力，为企业发展提供坚实的物质基础；同时，企业上市之后就会受到更多监管机构的监督和管理，通过加大对企业的大股东和董事会以及管理层的监管，可以在一定程度上避免损害众多小股东的利益。上述两点是上市能够为企业带来的实际利益，实际上，上市还能够为企业带来隐形的利益，可以增强企业的形象和品牌影响力，从而不断提高企业的知名度。

尽管上市会给企业带来许多好处，但我们必须认识到，企业上市并不是企业的终点，只是对企业新考验的开始，企业上市以后就要受到更加严格的监管，同时企业也要考虑如何满足股民的期望，以及对于通过上市所募集到的资金应该如何运用，从而能够产生更高的价值，这些方面对于企业而言都是很大的挑战。不仅如此，上市之后由于股权过于分散，会出现被恶意操纵的情况，造成股权的大量稀释，使得企业失去自主权，从而影响股东的利益以及企业未来的发展。

企业不仅要权衡上市的利弊，还要认识到上市这条路走起来并不容易。中国股市的上市企业一共 4000 家左右，美国各类股票市场的上市企业也只有几万家而已，企业上市很难，无论是在国外上市还是在国内上市，都需要经历重重的考验，能够突出重围的少之又少。同时企业的成长应该是有一定规律的，并且需要经历一个漫长的过程，因此不要试图给自己的企业制定上市时间表，也不要把上市作为企业发展的主要目标，一旦制定了上市计划，就会对企业经营产生不好的影响，有时为了顺利完成计划，就会打乱企业成长的节奏和步骤，结果可能会适得其反。上市对于企业而言应当是一件水到渠成的事情，企业成熟以后，通过上市可以推动企业更好地发展，通过上市成为公众企业，从而提升企业的治理结构和管理水平，提升企业的规范性，增强企业抵抗风险的能力，促进企业的快速发展。但如果企业还没有成熟，这时候贸然上市对企业而言并不是一件好事，企业往往不具备接受严格的审核与监督以及按照规定完成财务计划的能力，硬推着上市反倒会给企业经营造成很大影响。

2. 正确看待创业失败并从中总结经验教训

陈书艺是白鹭时代的创始人，其创业的过程也是历经艰险，曾一度因创业失败而倾家荡产，发展到如今身价已经超 10 亿美元，这其中正是由于陈书艺能够在失败的经历中不断学习和调整。2004 年，陈书艺大学毕业后到英国继续求学，在英国毕业之后，毅然决然地决定回国创业，随后便建立了一家软件公司，2008 年初，其创办了首个社交游戏研发和运营企业，取名为奇矩互动，致力于自主开发社交游戏以及网页游戏，企业的产品种类超过 30 种，同时这些游戏已经在 20 多家国内外知名的 SNS 平台上进行运行。2013 年，公司步入转型发展阶段，公司的组织结构和业务类型发生了转变，但是这一转型并没有获得成功，而是导致了企业的破产，陈书艺也由于这次创业的失败而倾家荡产，但是他并没有一蹶不振，仅仅经过半年时间的调整，随后又开始了创业之路。这一次的创业发展迅猛，2014 年 3 月，陈书艺创建白鹭时代，这家公司的主要业务是利用 HTML5 游戏引擎技术来进行游戏的开发。经过 1 年的发展，公司在 2015 年 5 月便实现了 10 亿美元的估值，并获得了深创投和经纬创投的投资，成为

HTML5 游戏领域的领先企业，在市场上具有很大的影响力。之所以能够取得如此巨大的成功，与陈书艺上一次创业失败的经历具有十分紧密的联系，经过了第一次的失败，陈书艺认为，创业者创业的出发点和原动力都是基于自身的诉求，因此，在进行第二次创业时，陈书艺就开始思考自己的理想，通过对 HTML5 的技术、目前的市场应用情况，以及未来的发展前景等进行评估和思考，他发现目前的游戏领域已经成为一种生态圈，在这个生态圈中，各种主体已经完备并实现了良好的运转，只是缺少了能够提供整体生产力的关键环节，就是游戏引擎，因此，陈书艺果断地选择了以此为出发点进行创业，最后实现了巨大的成功。①

创业失败其实是一种普遍的现象。以美国为例，《福布斯》2015 年的数据显示，创业企业中有九成都会以失败告终；美国劳工统计局的数据显示，在美国，创业企业在一年内失败的概念超过 20%，在八年内失败的概率超过 60%。在中国，据中国工商行政管理总局统计，截至 2012 年底，创业企业在 5 年内失败的概率占到 60%，企业的平均寿命为 6.09 年，尽管通过前面的创业失败的定义，我们可知企业的失败并不等同于创业的失败，但企业的失败在一定程度上体现了创业的成败。

创业失败经常被认为是一件很消极的事情，对于社会阅历很少的大学生创业者而言更是如此，大学生创业者在面临创业失败时，往往不具备良好的心理承受能力，如果不能客观正确地看待创业失败，对大学生个人的发展会产生一定的影响。

创业的过程非常复杂，往往需要考虑到许多情况，并且需要应对各种各样的问题，同时外部市场环境的快速变化也会让创业者感到无所适从，因此创业失败是一件正常的事情，大学生创业者要学会正确看待创业失败，将创业失败当成一次宝贵的经历，学会从创业失败的经历中收获知识的经验，将创业失败的经历转化为自身学习的一种关键资源。创业失败后，创业者应当对创业过程中所发生的事情进行回顾，从中提取出有价值的经验，对这些经验进行总结、归纳，将其转化为创业的知识，从而为下一次创业积累宝贵的知识和技能，增加下一次创业成功的概率。

---

① 根据以下网络公开资料整理：https://baike.baidu.com/item/陈书艺/10922302；https://www.cyzone.cn/a/20140523/258120.html。

甄荣辉是前程无忧的创始人，其目前的身价已经达到了20亿美元。甄荣辉曾经投资过声音邮件和磁性材料，并且在进行创业之前，他还做过咨询顾问，其业务能力很强，当时已经成为年薪达到百万的职业经理人。随着经济的不断发展，创业的热潮开始兴起，这也带动了甄荣辉的创业兴趣，于是他也萌生出成为"亿万富翁"的理想。但是甄荣辉并没有放弃之前的工作，而是以兼职的方式，创建了一个利用声音进行邮件传递的系统。此外，甄荣辉还投资过磁性材料。这两次创业并没有达到预想的结果，而且最后都走向了失败。但是，这两次失败的经历却成了甄荣辉的宝贵资源，通过总结失败的经历，他发现，创业时必须全职进行，不能为了避免出现倾家荡产的风险就采取兼职的方式，这样只会分散精力，导致无法谨慎细致地应对创业过程中的问题，同时，创业过程中，团队也起到十分重要的作用，只有组建一支运行良好、协同合作的团队，才能够使得企业发展过程中减少人员的摩擦，加快企业决策的速度，提升企业应对市场需求变化的灵活性和敏锐度。同时，甄荣辉也指出，创业不能仅仅围绕产品的生产来进行，产品的质量好并不能保证其具有良好的市场前景，能否满足客户的需求才是关键。因此，企业不仅要致力于产品的生产和创新，还要通过提供全方位的服务来增强客户的黏性，通过提供这些服务一方面可以帮助客户增强对企业的信任程度，从而增加企业产品的销售能力，另一方面通过提供服务的方式，与客户进行深度接触，了解客户的需求，为产品的发展和创新提供关键的方向。[①]

3. 如何减少创业失败的损失

创业的本质就是能够发现用户的需求，给出一个解决方案，并且解决方案成功地获得用户的认可，从而获得收益，如此一来，创业就成功了。描述起来十分简单，但其中有一个很重要的逻辑过程，主要包括：首先企业目前想要为用户解决的问题是用户真正面临的问题；用户愿意为针对其问题提出的解决方案买单；能够为用户的问题提出解决方案的企业会有很多，用户通过比较之后，愿意为你的企业的解决方案买单；当你确定了用户的问题以及用户愿意为你的企业所提出的解决方案买单后，你的企业就要开始研究如何在产品端开发

---

① 根据以下网络公开资料整理：https://www.cyzone.cn/a/20070711/10104.html。

出解决用户问题的方案。这是企业推出一个产品的完整逻辑过程，许多企业面临失败，很重要的原因是没有按照这个逻辑进行分析，而是直接进行第四个步骤，一旦企业推出的产品没有获得预期的效果，就会给企业带来十分严重的损失，这种损失对于创业企业而言往往是致命的。

　　小刘在大学毕业之后没有找工作，而是进行了创业。他注意到邻居在小区里开了一个食品杂货店，取得了很好的收益，这激发了小刘的创业想法。于是，小刘也在小区内创办了一家食品杂货店，先是租了一个库房用来做店面，随后又筹集了 1 万多元作为创业启动资金，用这些资金进了货品，然后就正式开始运营。但是两个月后，小刘的食品杂货店就难以维系下去了。其原因主要是小刘为了突出特色，没有像邻居一样进茶、米、油、盐等日用商品，而是将经营范围定在沙司、奶酪、芝士等一些西餐调味食品上，而小区里的居民对她的货品需求少。经营需要有自己的特色，但是经营要符合市场环境的需要。小刘的食品店之所以会关张，是因为她没有搞好市场调研，这个食品店如果在一个涉外社区内也许会经营得很好，但是她选择的是一个普通居民区。普通社区对茶、米、油、盐的需求要远远大于沙司、奶酪、芝士等西式调味品。

　　正如上面的例子所展示出来的一样，埃里克·莱斯在其《精益创业》中指出，在创业领域做一个产品、服务时，不恰当的隐形假设（主要指没有意识到的一些前提）主要有两种：价值假设和增长假设。价值假设是指当你决定做一个产品或者给产品增加功能时，背后有一个基本的假设是你认为它对用户有价值，但这只是一个假设，需要去验证，证明自己的判断正确之后再去做；价值假设验证通过就代表了用户确实认可你提供的东西对他有价值，于是这里面包含的增长假设就是你认为用户愿意帮你宣传，从而产品能够实现可持续增长。精益创业的关键思想就是对于价值假设和增长假设都要进行验证，在验证假设的方法上，精益创业特别强调一定要基于事实，眼见为实，要有真实可靠的数据作为支撑。

　　精益创业的核心思想是要采取一种小步快跑、快速迭代的方式，企业要能够根据市场环境的变化进行及时的调整。精益创业的重要思想是通过一系列快速的、成本较低的失败经历，来进行不断的试验和学习，从而推出真正符合市场需求的产品，减少创业失败所造成的损失。传统上，推出一种产品要经过长期的研发过程，花费大量的人力、物力和财力等多种资源，但是这种新产品有时并不符合消费者的需求，在一定程度上增加了企业的财务负担，同时失败的经历还会打击企业研发人员的工作热情和积极性，从而制约企业的创新发展。而精益创业的模式是强调创新的想法以及创新的活动都要能够快速地展现出来，通过将一种功能相对简单的产品展示给消费者，从而快速获得市场反馈，以确定产品成功与否。通过这种快速迭代的方式进行反复的验证和调整，能够有效降低成本的投入，同时，按照精益创业的基本模式，在推出新产品时，要从最小的可用品开始进行，通过反复的迭代，让用户参与到试用的过程中，通过用户反馈，及时获取他们对产品的意见和看法，依据这些用户的需求进行修改和完善，如此反复，通过用户的持续参与试用，企业就可以成功推出符合市场需求的新产品，提高企业的创业成功率。

第四问：我该如何退出创业的舞台？

在我国，许多企业家在创业的过程中是不考虑退出的，但如今市场变化剧烈，在创业之时你就需要为自己想好退路，一旦你制定好了退出的方案，你就有了一个奋斗的目标，明确了自己努力的方向，同时对于企业的未来发展和目标也有了清晰的定位，从而能够有效制定企业的发展战略。创业退出包含多种情形，常见的退出方式有首次公开发行股票（IPO）、并购、新三板挂牌、借壳上市、股权转让、清算等。

1. 首次公开发行股票（IPO）

企业在逐渐发展成熟之后，可以在证券市场上挂牌上市。企业上市的途径有境内上市和境外上市两种，其中境内上市是在深交所或上交所上市，境外上市主要是在港交所、纽交所等上市。上市之后，企业能够在证券市场上融得更多的资金，同时也代表了资本市场对于企业经营绩效的认可，从而有助于提高企业的影响力。但是上市成本很高，2016 年统计数据显示，企业上市的平均成本为 4500 万元。同时证监会为了缓解上市的热潮，放慢了上市的批准速度，制定了高标准的上市要求以及烦琐的上市手续，这使得众多企业都被拒之门外。

2. 并购

企业或企业集团可以通过收购其他企业的全部或部分股权或资产的方式来

实现对其他企业的影响和控制。通过并购实现退出没有类似上市过程中所需要的众多客观条件的限制，并且并购这种方式的程序相对简单，消耗时间少，同时还有许多不同的并购方式可选择，这种方式对于那些取得了一定的经营绩效但还没有达到上市标准的创业企业，或者那些尽管已经满足了上市条件，但不想经历上市的漫长审核时间的创业企业而言，都是一种很好的退出方式。通过并购这种方式可以实现双赢，既能够帮助想要退出的创业企业实现目的，还能够使得采取并购行为的企业获得创业企业的资源，实现资源的有效整合，从而提高企业的创新实力，为企业发展提供动力。但这种方式也存在一些缺点，其收益要比上市这种方式所获得的收益少得多，同时，并购这种方式尽管可以使企业获得资金的支持，但同时也使企业失去了部分甚至全部的自主权，同时，并购企业的选择问题、企业如何进行估值以及如何选择合适的并购时机等问题都是企业选择这种退出方式时所要考虑的问题，这些问题也直接影响到企业的收益和未来走向。

3. 新三板挂牌

新三板的全称是"全国中小企业股份转让系统"，是继上海证券交易所、深圳证券交易所之后建立的第三家全国性证券交易场所，是我国资本市场的一个重要组成部分。目前，新三板的转让方式有做市转让和协议转让两种。新三板退出方式的优势在于：随着政府的大力支持和市场经济的快速发展，新三板市场具有较高的市场化程度，并且最近几年的发展势头迅猛。同时，新三板市场的运行机制较为灵活，比主板市场的运行机制相对要宽松一些，同时新三板市场的挂牌条件也稍微低一些，成本也较低。但是，尽管新三板市场具有这么多优点，但其仍旧存在诸如投资人的门槛过高、做市券商的数量少且定位差等问题，因此，这就造成其在流动性和退出的价格方面仍旧存在很大争议。

4. 借壳上市

所谓借壳上市，是指通过将一些业绩较差的上市公司收购，从而帮助一些非上市公司实现间接上市，具体过程要对收购后的上市公司进行资产的剥离，同时将企业自身的资产注入收购的公司内。通过这种方式，可以加快企业上市的速度，如果企业的资格审核没有问题，这个的审批流程只需要半年时间就可以办成。但是，这种方式尽管能够缩短上市的时间，但容易出现一些内幕交易，以及高价的壳公司造成整体估价基础错乱的情况。

5. 股权转让

投资者可以通过将自身拥有的股份转售给其他个人或组织，进而实现套现退出。常见的方式有私下协议形式的股权转让、在一些区域股权交易中心公开交易等。股权转让的方式受到证监会的认可，并且获得豁免强制收购要约的业务的特权。通过这种方式不仅能够实现并购，从而获得并购所带来的好处，同时通过协议收购一些非流通公众股的方式还可以帮助企业获得价格租金。但是，这种股权转让的方式需要经过相对复杂的决策过程，同时在转让的过程中还要涉及十分烦琐的法律程序，这些都需要企业付出时间和成本，其中任何一个环节出现问题，都会直接导致股权转让失败。此外，这种股权转让方式能够获得的转让收益也较低。

6. 清算

如果创业企业面临失败，就需要通过清算的方式，尽可能降低损失，回收一定的残留资本。申请破产清算也是有一定成本的，同时审核的过程也很漫长，需要经过一系列复杂的法律程序。因此，在企业没有其他的债务，或者尽管存在一些债务，但债务人不予追究等情况下，创业企业一般不会申请破产，而是以其他方式继续经营，并通过协商等方式来确定企业的残值。

本章习题

1. 请结合具体事例谈谈企业的成长有哪些特点。

2. 如何理解知识产权与企业成长之间的关系。试分析知识产权的保护对企业发展是否存在不利的影响。

3. 对于大学生创业企业而言，外部网络中的利益相关者主要有哪些？如何维护与这些利益相关者的关系？

4. 如果你是一个大学生创业者，对你而言，什么样的状态算是创业成功呢？

5. 你怎样看待大学生创业失败？试举出一个典型的大学生创业失败的例子，并分析其失败的原因。

6. 请结合具体事例谈谈如何减少创业失败的损失。

参考文献

［1］廖巧英：《创业失败归因与后续创业意向的关系研究》，浙江工商大学硕士学位论文，2018 年。

［2］张秀娥、赵敏慧：《创业成功的内涵、维度及其测量》，载《科学学研究》2018 年第 3 期。

［3］于晓宇、蒲馨莲、李宁、孟添：《内因？外因？别急着对创业失败归因》，载《清华管理评论》2017 年第 5 期。

［4］潘李鹏：《知识产权能力及其演化与企业成长研究》，浙江工业大学博士学位论文，2016 年。

［5］赵文红、孙万清、王文琼、李秀梅：《创业失败学习研究综述》，载《研究与发展管理》2014 年第 26 卷第 5 期。

［6］段锦云、简丹丹：《大学生创业失败归因分析——以"天行健"和"易得方舟"为例》，载《创新与创业教育》2011 年第 2 卷第 2 期。

［7］钱昇、王光跃：《企业外部网络与大学生创业企业成长绩效研究》，载《杭州电子科技大学学报》（社会科学版）2010 年第 6 卷第 4 期。

［8］王光跃：《外部网络对大学生初创企业成长绩效的影响》，杭州电子科技大学硕士学位论文，2011 年。

［9］陈宏辉：《企业的利益相关者理论与实证研究》，浙江大学博士学位论文，2003 年。